St. Sergius
Externsteine
Bayern
Feucht Hof
Petersdom/Rom
Meteora
Delphi
Patmos
Klagemauer, Felsendom
Petra
Gizeh
Katharinenkloster
Amritsar
Lhasa
Bodnath, Pashupatinath
Varanasi
Bodh Gaya
Shaolin
Zhongyue-Tempel
Kyoto
Ise
PAZIFIK
Lalibela
Papua Neu-Guinea
INDISCHER OZEAN

Jacobi und Jacobi

Wo Gott wohnt

Mythische Stätten der Menschheit

Hirmer Verlag München

Inhalt

Europa

Das Kloster Rousánou auf einem Felsen Meteoras in Griechenland

Amerika

Ein steinerner Moai an der Bucht von Hanga Roa auf der Osterinsel

Asien

Die Stupa von Bodnath im Tal von Katmandu, Nepal

Nahost und Afrika

Die „Kirche des Heiligen Georg" im äthiopischen Lalibela

Einleitung

Von Claus Jacobi

Menschen in allen fünf Kontinenten glaubten und glauben an ein Sein nach dem Dasein, sei es im griechischen Elysium, im christlichen Himmel oder im Paradies des Islam, sei es nach einer Wiedergeburt als Hindu oder Buddhist.

Der Zweibeiner weiß vermutlich als einzige Kreatur auf Erden um die Unabwendbarkeit des eigenen Todes. Seine größte Angst ist die „Todesangst". Das bringt ihn in eine wenig beneidenswerte Situation.

Die meisten Menschen möchten sich nicht damit abfinden, dass ihr kurzes Gastspiel im irdischen Jammertal wirklich alles gewesen sein soll. Geburt und Arbeit, Liebe und Tod, Asche zu Asche – das war's dann schon?

Zuversicht und Ausweg liefert der Glaube an eine Existenz nach dem Tode, in welcher Form auch immer. Ihn zu bieten ist eine der wichtigen Aufgaben der meisten Religionen, mal im Himmelreich, mal als Unsterblichkeit, mal als Wiedergeburt. Und genau wie Guru-Sekten des 21. Jahrhunderts waren schon die Papua der Jungsteinzeit von der Seelenwanderung überzeugt.

Geheimrat v. Goethe hat das Motiv in seinen „Xenien" auf den Punkt gereimt:

> „Du hast Unsterblichkeit im Sinn;
> kannst Du uns Deine Gründe nennen?"
> „Gar wohl! Der Hauptgrund liegt darin,
> dass wir sie nicht entbehren können."

Der Umgang mit dem Tod war dabei nur eines von einer Vielzahl von abstrakten Problemen, denen der Zweibeiner begegnete, als seine Gestalt schemenhaft aus dem vorgeschichtlichen Dunkel auftauchte.

Ob seine Vorfahren nun vom Baum geklettert sein mögen oder vom Baum der Erkenntnis die verbotene Frucht gepflückt hatten – in jedem Fall sah sich der Homo sapiens einer Schöpfung ausgesetzt, deren Dimensionen die eigene Existenz insektenhaft erscheinen ließ.

Der Mensch konnte weder Tag noch Nacht machen, weder Sommer noch Winter, weder Regen noch Sonnenschein. Er konnte die Bäume und das Gras nicht wachsen lassen. Er war nicht Herr des Feuers und hatte Mond und Sterne nicht in den Himmel gehängt.

Seine erste Ehrfurcht, Angst und Bewunderung galten daher den ihn umgebenden Naturgewalten. Den Haida-Indianern waren Tiere wie die Bären heilig und den Indo-Iranern (Vorläufer des Propheten Zarathustra) Berggipfel. Sie waren ihnen Tempel unter der Himmelskuppel. Die Teutonen beugten ihr Haupt vor der Eiche und der Weltesche Yggdrasil.

„Zur Zahl der Götter", so notierte Gaius Julius Caesar in seinem „Gallischen Krieg" über die Germanen, „rechnen sie nur diejenigen, die sie sehen können und durch deren Hilfe sie augenscheinlich unterstützt werden: Sonne, Feuer und Mond. Die übrigen kennen sie nicht einmal vom Hörensagen."

Oft war die offenbar mächtigste Kraft am Firmament Ziel der Verehrung, die Sonne, deren Glut blendete, deren Strahlen wärmten und deren Schein die Welt erhellte.

Die Pharaonen wollten sich im Jenseits mit dem Sonnengott Ra vereinen, der jeden Tag in seiner brennenden Barke über den Himmel fuhr. Die Sonnengöttin Amaterasu war die legendäre Gründerin des japanischen Kaisergeschlechts. Und der Kaiser der Inka war ein Abkömmling der Sonne, den auf Erden „Jungfrauen der Sonne" erfreuten.

Etwa im dritten Jahrtausend vor Christus beobachteten bereits alle damaligen Kulturvölker systematisch Himmelserscheinungen, angeführt von den auf diesem Gebiet am meisten fortgeschrittenen Babyloniern. Bei ihnen vermählten sich Astrologie und Astronomie zu einer Gestirnsreligion mit dem Himmelsgott Anu an der Spitze.

Andere Stämme und Völker gelangten über heidnische Kulte, Opferriten und Mythen, über Magie, Götzen oder Geisterglauben mit Hilfe von Zauberern, Schamanen und Druiden zu ihren Göttern. Wie ein Wurzelgeflecht sollten bald Religionen den Globus überziehen, Natur- und Stammes-

Mit erhobener Hand grüßt ein indischer Mönch den Besucher. Die Blumen zwischen den Fingern symbolisieren die Lotusblüte Buddhas

religionen, Inder und Chinesen, Sumerer, Hetiter und Griechen, Assyrer und Ägypter. Das Reich der göttlichen Pharaonen allein hat fast so lange gedauert, wie bis heute Jahre seit Christi Geburt verstrichen sind.

Die Menschen benötigten Götter und Religionen zum Überleben wie Essen und Trinken. Sie gaben ihnen Halt, Trost und Hoffnung, sie lieferten ein Koordinatenkreuz für gut und böse, falsch und richtig, sie stabilisierten das Gemeinwesen. Sie erklärten das Unerklärliche, und sie erteilten – wenn auch unterschiedliche – Antwort auf die ewigen Fragen: Wo komm ich her, wo geh ich hin, was ist denn meines Daseins Sinn? Wer glaubte, lebte und starb leichter.

„Wer dem Gebot der Götter gehorcht, den hören sie wieder", versprach Homer den Gläubigen. „Es gibt nichts, was Gott nicht bewirken könnte", mahnte Marcus Tullius Cicero. „Gott ist Licht", heißt es im 1. Brief des Johannes. „Alle tun Gottes Werk, ob sie wollen oder nicht", davon war Leo Tolstoi überzeugt. „Wenn ich existiere, existiert Gott", das war die Logik des Mahatma Gandhi. „Wenn der Berg nicht zum Propheten kommt, muss der Prophet zum Berge gehen", erkannte Prophet Mohammed.

Die Art und Weise, wie Gottes Wille interpretiert wurde, offenbarte dabei kulturelle und kontinentale Unterschiede. „Hat denn Gott alles vergessen, was ich für ihn getan habe?", fragte Frankreichs Louis XIV. nach einer verlorenen Schlacht empört. „Gott ist immer mit den stärksten Bataillonen." Das war die Stimme Preußens – Friedrich der Große. „Gott hilft denen, die sich selbst helfen." Das war die Stimme der Neuen Welt – Benjamin Franklin.

Sieben starke Stämme sind in den letzten drei Jahrtausenden aus der Vielzahl der Religionen hervorgegangen:

- Um 1250 v. Chr. wurde Moses Vater der jüdischen Religion.
- Um 800 v. Chr. verschmolzen die Vorstellungen der Indus-Kulturen und arischer Eindringlinge zum Hinduismus.
- Um 500 v. Chr. wurde Siddharta Gautama Stifter des Buddhismus.
- Um 500 v. Chr. begründete Konfuzius den Konfuzianismus.
- Um 500 v. Chr. (oder 300 v. Chr.) begründete Lao-tse den Taoismus.
- Um 30 n. Chr. wurde Jesus Messias der Christen.
- Um 600 n. Chr. wurde Mohammed Stifter des Islam.

Auf der Suche nach einem „Welt-Ethos" hat der Theologe Hans Küng diese sieben Religionen in drei große Strömungen unterteilt, von denen zurzeit nur der Islam zu erstarken scheint:

- Die Religionen indischer Herkunft (Hinduismus und Buddhismus), deren Leitfiguren Mystiker seien.
- Die Religionen chinesischer Herkunft (Konfuzianismus und Taoismus), deren Leitfiguren Weise seien.
- Die Religionen nahöstlicher Herkunft (Judentum, Christentum und Islam), deren Leitfiguren Propheten seien und in den Büchern Moses eine gemeinsame Quelle haben.

„Gott schuf den Menschen ihm zum Bilde", so heißt es im ersten Buch Moses des Alten Testaments: „Zum Bilde Gottes schuf er ihn." Oder hatte vielleicht der Mensch zuweilen auch Gott ein wenig nach seinem Bilde geschaffen? Der Verdacht besteht. Denn in den meisten Religionen wurden die Götter ausgerechnet mit jenen Eigenschaften ausgestattet, die Menschen bewundernswert fanden – von der Güte bis zum Heldentum, von der Heiterkeit Buddhas bis zu gleich sieben Göttinnen des Glücks im Shintoismus.

Im griechischen Götterhimmel – dem Pantheon – wimmelt es nur so von Gestalten mit allzu menschlichen Seiten. Da waren der schlaue Hermes, die verführerische Aphrodite, der weinselige Dionysos, die jungfräuliche Diana, der starke Herkules, und da war Göttervater Zeus, ein Schwerenöter.

Nur einige Kinder zeugte er mit seiner eifersüchtigen Gemahlin Hera, mit anderen Frauen ungleich mehr: mit Themis die drei Schicksalsgöttinnen, mit Mnemosyne die neun Musen, mit der Tochter des Atlas den Götterboten Hermes und mit Semele den Weingott Dionysos. In Gestalt einer Schlange verführte er Persephone, als Schwan Leda und als Stier Europa.

„Eros ist an Jahren und Ehren der reichste Gott", meinte Platon in „Das Gastmahl". Und auch die Hindus bewundern an ihrem Gott Shiva, dessen Symbol der Phallus ist und der häufig mit erigiertem Glied dargestellt wird, seine sexuellen Fertigkeiten. Dank extremer Beherrschung seiner Triebe soll er seiner Frau Parvati Hunderte von Jahren beigewohnt haben, ohne je zu ejakulieren.

Wesen und Wirken der Götter entsprechen überdies auffällig rund um den Erdball den Bedürfnissen der jeweiligen Kulturen. Ihre Befehle dienen fast alle dazu, das Zusammenleben von Menschen so zu erleichtern, wie weise Menschen es sich wünschen.

Die Zehn Gebote sind das beste Gesetzbuch, um in einer Gesellschaft Ordnung und Frieden zu halten. „Habe Gott im Herzen, lebe von ehrlicher Arbeit, teile die Früchte deiner Arbeit", lautet der religiöse Auftrag an die Sikhs. Der Islam verbot den Genuss von Schweinefleisch und Wein. „Du sollst keine Bergwälder abbrennen", warnte Lao-tse umweltbewusst in hügeliger Landschaft Jahrhunderte vor den Grünen. „Herrscht der rechte Weg im Reich, hört im Volk das Gerede auf", gab der staatserhaltende Konfuzius den Regierenden mit auf den Weg. Buddha predigte, allen Begierden zu entsagen: „Hass hört durch Liebe auf."

Interessen von Völkern und deren Göttern waren auffallend häufig deckungsgleich. Jede Kultur hatte die zu ihr passende Religion. „Euer Gott liebt euer Volk und hasst meins", so soll es in der Urfassung der Rede des Häuptlings Seattle über die Weißen geheißen haben.

Einen dritten Hinweis auf die Vermutung, dass Menschen beim Entstehen vieler Religionen irgendwann Hand angelegt haben,

„Ich habe Gott überall erblickt, aber niemals begriffen“

ALPHONSE DE LAMARTINE (1790–1869)

liefert die Geschichte der „Theodizee“, griechisch: die Rechtfertigung Gottes. Sie ist älter als das Christentum. Sie trieb schon die alten Griechen um. „Mit aller Kraft,“ sagte Sokrates um 400 v. Ch. zu Platons Bruder Adelmantos, „muss man gegen den Satz ankämpfen, dass Gott, der immerdar Gute, schuld sei an dem Übel, das einen betroffen.“

Aber der Satz blieb im Raum. Wieso herrscht so unendlich viel Leid auf der Welt, wenn ein gütiger und allmächtiger Gott existiert, wieso verhungern Kinder, wuchern Krieg und Krebs, verbreiten sich Armut und Aids, herrschen Verbrecher und Völkermord?

Frankreichs Philosoph Pierre Bayle (1647–1706) hat das sogenannte „epikureische Dilemma“ anschaulich beschrieben, dem sich sein griechischer Kollege Epikur rund 300 v. Chr. ausgesetzt sah: „Entweder will Gott die Übel beseitigen und kann es nicht, oder er kann es und will es nicht. Oder er kann es nicht und will es nicht, oder er kann und will es.“ Bei den ersten drei Möglichkeiten ist Gott entweder nicht allmächtig oder nicht gütig oder beides nicht. Im letzten Fall bleibt rätselhaft, woher die Übel denn dann rühren.

Bei dem Versuch, den Glauben an die Güte eines allmächtigen Gottes mit dem Vorhandensein des Bösen auf Erden in Einklang zu bringen, hatten christliche Kirchenväter die Schuld zunächst einmal Adam und Eva zugeschoben. Durch ihre Erbsünde hätten sie das Paradies verwirkt, und aus ihren Lenden sei das Verderben in die Welt getragen worden.

Für das Böse wurde der Teufel verantwortlich gemacht, so wie in anderen Religionen Dämonen und Unheil bringende Götter ihr Unwesen trieben. „Gott hat das Leben, der Teufel hat den Tod lieb“, entschied Martin Luther.

Doch mit der Aufklärung wuchsen die Zweifel. Voltaire (1694–1778) höhnte: „Wenn die Kirchenväter behaupten, Gott sei ein liebevoller Vater und gerechter Herrscher… geraten sie bald in unentwirrbare Widersprüche.“ Nach einem Erdbeben, dass 1755 Lissabon in Trümmer legte, diagnostizierte Immanuel Kant (1742–1804) kategorisch „das Misslingen aller philosophischen Versuche in der Theodizee“.

Je größer die Katastrophen wurden, umso radikaler fielen die Urteile aus. Nach dem Zweiten Weltkrieg fragte der deutsche Dichter Wolfgang Borchert in seinem Stück „Draußen vor der Tür“ anklagend: „Wann warst Du denn eigentlich lieb, Gott, wann? Warst Du in Stalingrad lieb, lieber Gott, warst Du da lieb… Du bist tot, Gott.“ Und die deutsche Theologin Dorothee Sölle meinte: „Wie man nach Auschwitz den Gott loben soll, der alles so herrlich regieret, das weiß ich auch nicht.“

Dabei ist der Kern des Dilemmas nicht Gott sondern die Anmaßung der Zweibeiner, ihn mit ihren Maßstäben zu messen. Sie haben ihre Götter in ihre Vorstellungen getaucht und mit ihren Eigenschaftsworten bekleidet. Bei uns ist Gott „lieb“ oder „herrlich“, „gütig“ oder „allmächtig“, im Koran der „Mitleidsvolle“, der „Erbarmer“, der „König des Gerichtstages“, im Buddhismus der „Erleuchtete“. Aber wenn es denn einen Schöpfer des Universums gibt, dann entziehen sich seine Dimensionen zwangsläufig den Kategorien unseres Denkens und unserer Sprache.

Unsere Fantasie, unsere Logik und unsere Vokabeln vermögen ihn nicht einzufangen. „Gott wäre etwas gar Erbärmliches, wenn er sich in einem Menschenkopf begreifen ließe“, erkannte Christian Morgenstern (1871–1914). Selbst das unendliche Leid dieser Erde vermag die Nicht-Existenz von Gott genauso wenig zu belegen, wie das Leben von Mutter Teresa oder Mahatma Gandhi seine Existenz beweisen kann.

„Alles, was ist, ist in Gott, und nichts kann ohne Gott sein“, hatte noch der niederländische Philosoph Baruch de Spinoza (1632–1677) verkündet. Seither aber wurden Wissenschaft und Technologie von Pol zu Pol zu neuen Göttern. Der Mensch hat sich mit ihrer Hilfe die Erde untertan gemacht, angebohrt und ausgelaugt, vergiftet und geplündert. Er hat andere Arten ausgerottet und das eigene Leben verlängert. Er ist zu den Sternen aufgebrochen. Er hat die Pest besiegt, das Atom gespalten, Herzen verpflanzt, künstliche Intelligenz geschaffen und den genetischen Code fast geknackt.

Materialismus in kommunistischer und kapitalistischer Ausprägung überspülten die Welt. „Noch vor zweihundert Jahren“, so analysierte die hervorragende Schweizer Historikerin Barbara S. Eisenbeiss, „war man davon überzeugt, der Glaube an Gott sei ein Gebot der Vernunft… Heute ist die gegenteilige Meinung vorherrschend.“

„Auch Götter sterben, wenn niemand mehr an sie glaubt“, behauptete Frankreichs Jean-Paul Satre. Und dennoch: Ob Religionen nun gerade Saison haben oder nicht – nie wird der Zweibeiner aufhören, Gott zu suchen, so, wie er ihn Jahrtausende an den mystischen Meilen der Menschheit gesucht hat.

Im Schatten von Tempeln und himmelwärtsstrebenden Domen, in der dunklen Höhle des Einsiedlers oder an lichtdurchfluteten Anlagen der Anbetung wollte er ihm nah sein. Immer wieder haben Gläubige versucht, durch die großartigsten Bauten, derer sie fähig waren, der Schöpfung ihre Reverenz zu erweisen – mit Petersdom und Felsendom, in Lalibela und Lhasa, durch das Kloster Shaolin, die Pyramiden von Gizeh und die Feste Machu Picchu. Aber auch die nicht künstlich geschaffenen Stätten der Verehrung tragen das Siegel der Einmaligkeit – die Felsen von Meteora in Griechenland und der Shiprock der Navajos legen dafür genauso Zeugnis ab wie das Tal von Katmandu, die Schlucht von Petra oder der Berg Sinai. Peter Bamm hat das Phänomen in einem Satz umrissen: „Schon immer hat die Frömmigkeit die großartigsten Landschaften des Erdballs zu ihrem Schauplatz gewählt.“

Auch wenn sie ihn unter den unterschiedlichsten Namen anbeten: Die Menschen spüren, wo Gott wohnt.

Europa

Niemand hat seit den Sauriern den Erdball so umfassend beherrscht wie die abendländische Zivilisation im letzten Jahrtausend, nicht moralischer, aber mächtiger als andere. Von einem Erdteil (Europa) aufbrechend, eroberte sie zwei weitere Kontinente (Amerika und Australien) hinzu und machte sich die beiden letzten (Asien und Afrika) zeitweilig tributpflichtig. Die christliche Religion lieferte ihr dabei Jahrhunderte Kraft und Rechtfertigung. Christliche Gotteshäuser spiegeln in Europa heute noch Geist und Glanz der alten Welt.

In der Mitte der Steine von Calanais erhebt sich der höchste Monolith

CALANAIS

„Steine sind stumme Lehrer", meinte Goethe. Die stummen Lehrer in einem der unwirtlichen Winkel der Welt sind etwa 5000 Jahre alt. Sie wurden errichtet, noch ehe die Ägypter in Gizeh die Cheops-Pyramide bauten. Über 150 Generationen von Zweibeinern haben seither auf Erden gelebt. Doch das Geheimnis der Steine von Calanais auf den Äußeren Hebriden ist bis heute nicht gelöst.

Die steinernen Riesen auf den Äußeren Hebriden ragen seit über 5000 Jahren himmelwärts. Ihre Silhouetten erinnern an menschliche Gestalten

Gigantische Gletscher pressten in Millionen Jahren Feldspat, Quarz und Glimmer zu metamorphem Gestein

„Fir Brèige“ nannten
einst die Insulaner die Steine:
„die falschen Männer“.
Der Schotte John Morisone
schrieb um 1680:
„Tradition hat überliefert,
dass dieses Burschen waren,
die von einem Zauberer in
Stein verwandelt wurden“

„Bei den Steinen von Calanais hörte ich gestern eine Frau zur anderen sagen: ‚Dies ist es, wo sie in Vorzeiten Kinder verbrannten"

IAIN CHRICHTON SMITH, 1992

Mehr als 500 felsige Inseln und Klippen bilden die Hebriden im Westen Schottlands, raues Land in rauer See. Nur etwa 100 von ihnen sind von rund 100 000 gälisch sprechenden Menschen bewohnt.

Die nördlichste Insel der Äußeren Hebriden ist Lewis-Harris. Das Doppeleiland umfasst 2135 Quadratkilometer – mehr als zweimal so viele wie Rügen.

Aus Harris stammt der handgewebte Tweed, neben Whisky, Dudelsack und Golf wohl Schottlands legendärster Beitrag zur westlichen Zivilisation.

Auf Lewis wurde ein Dutzend prähistorischer Kultstätten mit Monolithen entdeckt. Die größten sind die Steine von Calanais (einst Classerniss, Callernish oder Callanish genannt): 46 steinerne Riesen, umgeben von Torf und Moor, deren Silhouetten aus der Ferne an menschliche Gestalten erinnern.

Sie alle sind aus Gneis, dessen Bestandteile Feldspat, Quarz und Glimmer in Millionen Jahren verschiedener Eiszeitperioden zu metamorphem Gestein gepresst wurden.

Während der Eiszeiten hatten sich gewaltige Gletscher über Schottland und die Hebriden nach Süden geschoben. Ihr gigantisches Gewicht verformte die Erdschichten unter ihnen.

Auch der Meeresspiegel lag ungleich tiefer als heute. Denn der Himmel sog dauernd Wasser der Ozeane auf und ließ es als Schnee auf den vereisten Globus zurückrieseln. Sind gegenwärtig drei Prozent der Erdoberfläche vom ewigen Eis bedeckt, so waren es damals rund elf Prozent.

Etwa zur gleichen Zeit, als sich um 10 000 v. Chr. das Eis zum bisher letzten Mal zurückzog, begann das, was wir Weltgeschichte nennen.

Fünf fruchtbare Flusstäler waren Ausgangspunkte der ersten Hochkulturen gewesen: die des Nils, des Euphrat und Tigris, des Indus und des Gelben Flusses. An ihren schlammigen Ufern erfand der Zweibeiner Rad und Regierung, baute Pflug und Pyramiden, gab sich Götzen und Gesetze, schuf Gefäße und Kalender.

Die Jäger und Sammler, die dem zurückweichenden Eis in der Steinzeit nach Norden folgten, verhielten sich nicht anders – nur mit Jahrhunderten Verspätung.

Auf den Hebriden jagten sie Rotwild, fischten Lachs, pflückten Beeren und zähmten den Hund.

Dann wurden sie in Hütten sesshaft, bauten Gerste an und zogen dafür tiefe Furchen in den Boden, damit die karge Sonne das nun angeschrägte Erdreich besser erwärmen konnte. Geweihe dienten ihnen als Hacke, Rinderschultern als Schaufeln, Steinäxte als Waffe.

Um etwa 3000 v. Chr. gruben die Insulaner die ersten Löcher in den lehmigen Grund. Sie zogen tonnenschwere Monolithen heran und versenkten ein Ende von ihnen in die Erde. Den ausgehobenen Lehm vermischten sie mit Kieseln und versahen so jeden der stehenden Steine mit einem dauerhaften Fundament.

Die Steine bilden einen unregelmäßigen Kreis von etwa 12 Meter Durchmesser. In seiner Mitte erhebt sich der höchste Monolith von 4,75 Metern. Strahlenförmig erstrecken sich Steinreihen in alle vier Himmelsrichtungen, nach Norden zwei Steinreihen, die eine Avenue bilden.

Einige Generationen nachdem (oder bevor) die Steine errichtet worden waren, wurde zwischen der Ostseite des Ringes und dem Monolithen in der Mitte ein Steingrab gebaut. Die größte seiner drei Kammern war etwa 1,50 Meter hoch.

Überreste deuten darauf hin, dass die Grabstätte rund 30 Generationen zur Bestattung diente – fast tausend Jahre. Dann verfiel sie. Noch ein Jahrtausend später verließen die Menschen den Ort und wandten sich neuen Göttern und Gräbern zu. Torf formte sich um die stehenden Steine.

Der Steinzeit folgten Bronze- und Eisenzeit, der Vorgeschichte die Frühgeschichte. Christus wurde geboren, Kolumbus entdeckte Amerika. Die Jahrhunderte verstrichen. Verlassen standen die schweigenden Steine von Calanais.

Erst im 17. Jahrhundert – Englands Shakespeare war schon tot, Preußens Soldatenkönig noch nicht geboren – begannen die Steine die Neugier der Nachfahren zu erregen.

„Fir Brèige" nannten die Einwohner von Lewis sie zu jener Zeit: „die falschen Männer". Und der Schotte John Morisone of South Bragar schrieb um 1680: „Tradition hat überliefert, dass dieses Burschen waren, die von einem Zauberer in Stein verwandelt wurden."

Ein Martin Martin, der Calanais um 1695 besuchte, stellte die Theorie auf, die schottischen Monolithen hätten – wie die Steine von Stonehenge in England – ein Zentrum der Druiden gebildet, jener keltischen Priester, deren Macht in Großbritannien und Gallien erst von den Römern unter Cäsar gebrochen wurde.

„Mir wurde erzählt", schrieb Martin Martin über Calanais, „dass dies ein Platz der Anbetung heidnischer Götter war und dass der oberste Druide in der Mitte beim großen Stein stand, von wo aus er zu den Versammelten sprach."

Zeitlos erheben sich die stummen Zeugen der Geschichte über dem Meer, umgeben von Torf und Moor

1743 glaubte der berühmteste Altertumsforscher seiner Zeit, William Stukely, in der Anordnung der Steine von Calanais die Druidensymbole Schlange und Ring zu erkennen. Und noch Mitte des nächsten Jahrhunderts weisen archäologische Veröffentlichungen auf Calanais als Druidenzentrum hin. Doch dann begann die Druidenthese zu zerbröckeln. Heute spricht kaum noch etwas für sie. Die Steine sind zu alt.

Die erste sorgsame Bestandsaufnahme von Calanais stammt von dem Geologen John MacCulloch aus dem Jahr 1819, die ersten akkuraten Zeichnungen von dem dänischen Forscher J. J. A. Worsaae um 1846.

Zu jener Zeit gehörte die Insel Sir James Matheson. Er befahl 1857 seinem Kammerherrn Donald Munro, die stehenden Steine von dem sie umgebenden Torf zu befreien. Es war mehr Arbeit als gedacht. Als sie getan war, notierte Matheson: „Die durchschnittliche Dicke des Torfs von der Oberfläche bis zu dem Fundament, in das die Steine eingelassen sind, betrug 1,50 Meter."

Nach Mathesons Tod erbte seine Witwe das sumpfige Eiland und ließ in Calanais von dem nahen Posthaus bis zu den stehenden Steinen einen Pfad anlegen, der es möglich machte, den Platz auch bei aufgeweichtem Grund trockenen Fußes zu erreichen.

Seither sind die Steine von Calanais zu gleichen Teilen touristische Attraktion und wissenschaftliches Forschungsobjekt. Besucher kletterten auf ihnen herum, bis es verboten wurde. Rundum haben Archäologen Ausgrabungen begonnen. Ein umgestürzter Stein südöstlich des Kreises ist wieder aufgerichtet worden.

Moderne Dichter besangen den geheimnisumwobenen Ort. „Bei den Steinen von Calanais", so heißt es bei Ian Crichton Smith 1992, „hörte ich gestern eine Frau zur anderen sagen: ‚Dies ist es, wo sie in Vorzeiten Kinder verbrannten.'"

Das Rätsel der Steine von Calanais aber blieb ungelöst. Wer waren die Baumeister, wer die Bestatteten, was geschah dort, welchen Zweck erfüllten die Steine, hatte ihre Anordnung eine besondere Bedeutung und wenn, welche, dienten sie frühen astronomischen Berechnungen und Beobachtungen? Gesichert scheint nur die Erkenntnis, dass die Steine für die vorgeschichtlichen Zweibeiner einen heiligen Ort markierten.

Von allen frühen Naturvölkern wurden Sonne, Mond und Sterne verehrt. Ihr Einwirken auf die Erde war offenbar. Sie brachten Tag und Nacht, Sommer und Winter, Ernte und Dürre, Regen und Eis. Der Stand der Gestirne lehrte den Menschen den Rhythmus vom Werden, Wachsen und Vergehen. Der Homo sapiens, damals noch eine seltene Spezies, schaute himmelwärts, um zu überleben, zu jagen, zu wandern, zu säen, zu staunen und zu beten. In den Steinen von Calanais sind Himmel und Erde miteinander verwoben. Bestimmte Sterne stehen zu bestimmten Stunden über bestimmten Steinen. Die auf- und untergehende Sonne zaubert am Tag der Sonnenwende immer wiederkehrende Schattenspiele auf den Grund. Und wenn der volle Mond über den Hügeln im Süden tanzt, gießt er bleiches Licht durch die Silhouette der Riesen von Calanais.

Über den Wolken hatte der Mensch früh eine Wohnung für seine Götter gefunden. Zwischen den Steinen von Calanais fühlte er sich ihnen einst offenbar nah.

Ziel der Prozessionen ist die Kathedrale. Tausende schauen ergriffen zu

SEVILLA

Das Herz Andalusiens war noch Ende des 18. Jahrhunderts eine der reichsten Städte Europas. Kolumbus lag dort begraben, Magellan brach von dort zur Weltumsegelung auf, Velásquez wurde dort geboren. Seine 58 Kirchen haben eigene Bruderschaften mit je 400 bis 2200 Nazaräer. In der „Semana Santa" schlägt ihre Stunde: Sie tragen Heiligenstatuen auf Flößen und Holzkreuze in Prozessionen durch die Stadt – barfuß und stumm bis zu zwölf Stunden lang.

Nazaräer der Bruderschaft San Esteban ziehen am Dienstag vor Ostern mit brennenden Kerzen durch Sevilla. Blau ist ihre Kapuze, weiß ihr Gewand

Die weinende Macarena ist die berühmteste Marien-Statue Sevillas. Während der Prozession streuen Gläubige von Balkonen Blütenblätter auf sie herab

Nazaräer der Bruderschaft La Candelaria

Das Kreuz vor dem Herzen, den Körper verhüllt

Stumm wartet eine Bruderschaft weiterzuziehen

Heilige Flöße werden durch enge Gassen getragen

Unter der Last hölzerner Kreuze drohen Nazaräer der Bruderschaft San Bernado während ihrer Prozession zusammenzubrechen. Die Last der Zuschauer ist geringer

„Es war der Mond, der Sevilla küsste“ Miguel de Cervantes

In der Prozession verhüllen die Nazaräer ihr Haupt, um anonym zu bleiben

Bis zu 20 Mann tragen tonnenschwere Flöße mit religiösen Figuren auf ihren Köpfen. Alle 100 Meter müssen die Costaleros ihre Last absetzen, um Kraft zu sammeln

„Ich verließ meine Heimat,
kam nach Sevilla
und irre durch die Gassen"

Cesare Sterbini in
„Der Barbier von Sevilla"

Am linken Ufer des Guadalquivir erheben sich, 87 Kilometer bevor er in den Atlantik mündet, im Südwesten Spaniens die Mauern Sevillas. Einst war es als phönizischer Brückenort der letzte Übergang über den Fluss. „Sephala" (Niederung) wurde es genannt; die Iberer tauften es „Hispalis". 45 v. Chr. eroberte Cäsar den Ort, baute ihn zur Feste „Colonia Julia Romula" aus und erhob ihn zur Hauptstadt der Provinz Baetica.

Während der Völkerwanderung besetzten Vandalen, Sweben und Westgoten das heutige Sevilla. 712 n. Chr. wurde es von den Arabern in Besitz genommen. Fünf Jahrhunderte war es Zentrum des maurischen Spaniens, Hauptstadt der Dynastien von Abbadiden, Almoraviden und Almohaden, bis 1248 König Ferdinand III., der Heilige von Kastilien und Léon, die Stadt dem Abendland zurückgewann und zu seiner Residenz machte.

Nur sechs Jahre später gründete König Alfons X., der Weise, eine Schule für Latein und Arabisch, aus der die heutige Universität Sevillas hervorging. Pedro I., der Grausame, (1350–1369) wurde der volkstümlichste König Sevillas; er baute den Alcázar der Stadt, seinen Palast.

Dort, wo sich einst die maurische Hauptmoschee erhoben hatte, wurde ab 1402 ein Jahrhundert lang die fünfschiffige Kathedrale von Sevilla erbaut, einer der größten gotischen Dome.

Nach der Entdeckung Amerikas durch Christoph Kolumbus (1451–1505) war Sevilla fast zwei Jahrhunderte eine der reichsten Städte der damaligen Welt und der einzige Umschlagplatz des Überseehandels mit dem neuen Kontinent. Die Monopolstellung machte es zum wichtigsten Hafen Spaniens. In seinen Münzstätten wurde fast das gesamte Gold aus Amerika eingeschmolzen. Es war Sitz der Verwaltung aller spanischer Kolonien.

In der ersten Hälfte des 16. Jahrhunderts beherbergte die Franziskaner-Einsiedelei Maria de la Cuevas das Grab von Kolumbus, ehe er auf Hispaniola endgültig Ruhe fand. In der Stadt wurde die Reise des Amerigo Vespucci (1451–1512) vorbereitet, dem Amerika seinen Namen verdankt. Und dort begann auch die Weltumsegelung des Fernão de Magellan (1480–1521).

Durch langsame Versandung des Flusses Guadalquivir lief später Cádiz Sevilla den Rang als Handelsmetropole ab. Erst nach Kanalisierung, Schleusenbau und Hafenerweiterung erlebte die Stadt einen Wiederaufstieg.

Sevilla diente als Kulisse für vier große Opern („Don Juan", „Figaros Hochzeit", „Carmen" und „Der Barbier von Sevilla"). Zahlreiche Gedenktafeln in den Straßen erinnern noch heute an Szenen aus dem Werk des Dichters Miguel Cervantes (1547–1616). Sevilla war Geburtsort des großen Malers Diego Velázquez (1599–1660).

1810 plünderten Napoleons Soldaten die Stadt und hielten sie zwei Jahre besetzt. Den spanischen Bürgerkrieg im nächsten Jahrhundert überstand sie weitgehend unbeschadet. Heute ist sie nach Madrid, Barcelona und Valencia die viertgrößte Stadt des Landes, Hauptstadt Andalusiens und ein Juwel des modernen Spaniens. „Quien no ha visto Sevilla, no ha visto maravilla", heißt es im Land: „Wer Sevilla nicht gesehen hat, hat noch kein Wunder gesehen."

Das 93 Meter hohe Wahrzeichen der Stadt ist an der Nordseite der Kathedrale die Giralda (Wetterfahne). Der Turm war einst das Minarett der maurischen Hauptmoschee. Im 16. Jahrhundert setzt man ihm eine Glockenstube mit 24 Glocken auf. Sie trägt die vier Meter hohe Windfahne, den Giraldillo, eine den christlichen Glauben darstellende weibliche Figur mit dem Banner des römischen Kaisers Konstantin des Großen (um 280–337).

Tief ist der christliche Glaube in dieser Stadt verankert. Nie wird es sichtbarer als in der „Semana Santa" (der Woche vor Ostern). Nichts in Sevilla kommt ihr gleich. Sie ist eines der eindrucksvollsten Feste Spaniens.

Am Palmsonntag beginnen die Aufzüge der Bruderschaften, der Nazaräer. In Büßergewändern tragen sie reich geschmückte Heiligenstatuen durch die Stadt. Die beiden wichtigsten Prozessionen finden in der Nacht zum Karfreitag und am Karfreitagmorgen statt.

Wenn die Nazaräer durch das Herz Andalusiens ziehen, schämen sich die Menschen auf den Straßen ihrer Tränen nicht. „Nie fühlte ich mich dem Leiden Jesu näher", sagte ein Fremder. „Von Sevilla zum Himmel ist es nur ein kurzes Stück," sagen die Andalusier.

HDAD. SIETE

Kardinäle lauschen im Petersdom den Worten des Heiligen Vaters

PETERSDOM

Simon der Fischer wurde Jünger Jesu. Als Apostel Petrus starb er unter Kaiser Nero in Rom den Märtyrertod. Seine Glaubensbrüder begruben ihn – nach der Überlieferung um 64 n. Chr. – am Abhang eines Hügels. Über dem Grab erhebt sich heute der Petersdom, die Hauptkirche des Papstes in der heiligen Stadt der Christenheit.

Messe des Papstes am Ostersamstag in der Grabkirche des Petrus: Tausende beten mit dem Stellvertreter Gottes auf Erden. Der Dom ist die größte Kirche der Christenheit

IDES TVAT TV ALIQVAND
ERIT LIGATVM E IN COELIS
FIDES
MVNDO

Blau wölbt sich am Ostersonntag der Frühlingshimmel über dem Petersplatz, weit erstreckt sich das Meer der Gläubigen. Sie empfangen den päpstlichen Segen „urbi et orbi“. Zwischen ihnen sind Soldaten der Waffengattungen Italiens und der Schweizergarde des Vatikans angetreten. Auf den Kolonnaden und den Flügelbauten stehen Statuen von 140 Heiligen

Nacht hat sich über die Ewige Stadt gesenkt. Hinter dem träge dahinfließenden Tiber erhebt sich die Kuppel des Petersdoms im gleißenden Licht. Michelangelo (1475–1564) hatte sie entworfen. Erst nach seinem Tode wurde sie vollendet. Ihr Durchmesser beträgt 42, die äußere Höhe bis zur Kreuzspitze 132 Meter

Zwei Meter hohe schwarze Lettern auf goldenem Grund künden die Botschaft lateinisch in der Kuppel der Petersbasilika: „Du bist Petrus, und auf diesem Fels werde ich meine Kirche bauen." Dies sind die Worte, die nach dem Evangelisten Matthäus (16.18) Jesus Christus zu seinem Jünger Petrus („Fels") sprach. Es sind die Worte, auf denen eine der ältesten und machtvollsten Institutionen des Abendlandes ruht: das Papsttum zu Rom.

Petrus hieß ursprünglich Simon. Sein Vater war der Fischer Jonas aus Bethsaida am See Genezareth. Zurzeit des ersten öffentlichen Auftretens von Jesus lebte Simon mit seinem Bruder Andreas in Kapernaum. Er war verheiratet.

Simon und Andreas wurden gemeinsam mit den beiden Söhnen des Zebedäus, Jakobus und Johannes, die ersten vier Jünger. Fortan erscheint Simon als einer der bevorzugten, zuweilen als Wortführer der zwölf Apostel. Jesus gab ihm den Namen Petrus (griechisch) oder Khephas (aramäisch). Beides bedeutet „Fels". Er versprach ihm: „Dir will ich die Schlüssel des Himmelreiches geben."

Simon Petrus war oft ungestüm, zuweilen unbedacht, gelegentlich übertrieben selbstsicher, aber immer kampfbereit für seinen Messias. Als die Häscher Jesus verhafteten, war es denn wohl auch Petrus, der einem der Polizisten ein Ohr abschlug, während die anderen Jünger flohen.

Umso ergreifender das Gleichnis menschlicher Schwäche, das sich dann entfaltet. Vor seiner Festnahme hatte Jesus zu Petrus gesagt: „Heute, in dieser Nacht, ehe denn der Hahn zweimal kräht, wirst du mich dreimal verleugnen" (Markus 14.30). In der Nacht nach der Verhaftung folgte Petrus den Spuren seines Herrn bis zum Sitz der Hohenpriester, wo Knechte Jesus ins Gesicht schlugen. Petrus wärmte sich im Hof. Eine Magd erkannte ihn und sagte: „Du warst auch mit Jesus von Nazareth." Petrus stritt es ab. Da krähte der Hahn zum ersten Mal. Noch zweimal wurde Petrus beschuldigt, ein Gefolgsmann von Christus zu sein. Beide Male leugnete er. Da krähte der Hahn zum zweiten Mal. Nun entsann sich Petrus der Prophezeiung Jesu und „hob an zu weinen" (Markus 14.72).

Nach Kreuzigung und Auferstehung von Jesus Christus erschien er Petrus als erstem seiner zwölf Jünger. „Der Herr ist wahrhaftig auferstanden und Simon erschienen", heißt es bei Lukas. Dadurch genoss Petrus in der christlichen Urgemeinde besonderes Ansehen. Er heilte nach der Apostelgeschichte den lahmen Aneas in Ludda und erweckte in Joppe die verstorbene Tabea vom Tode.

Die jüdische Herrscherfamilie Herodes, seit drei Generationen an der Macht, war den Christen nicht übermäßig gut gesonnen. Herodes der Erste und Große war Sohn eines Prokurators, den Cäsar für Palästina eingesetzt hatte. Er einigte mit Hilfe der Römer das gesamte jüdische Reich, war aber als Halbjude unter den Einheimischen nicht besonders geschätzt. In seine Regierungszeit fällt die Geburt von Jesus, die wahrscheinlich sieben Jahre vor Beginn der Zeitrechnung erfolgte. Nach seinem Tod teilte Kaiser Augustus das jüdische Reich in vier Fürstentümer.

Der zweitälteste Sohn von Herodes dem Großen, Herodes Antipas, entführte Herodias, die Tochter und Frau zwei seiner Halbbrüder. Er herrschte über jenes Fürstentum Galiläa, in dem Jesus lebte. Pontius Pilatus, der römische Prokuratur von Judäa, überstellte ihm deshalb einmal Christus zum Verhör. Jesus kam ungeschoren davon, aber sein Freund, der jüdische Bußprediger Johannes der Täufer, von dessen Anhängern viele zu Christus übergetreten waren, wurde auf Befehl von Herodes Antipas hingerichtet. Um 39. n. Chr. ließ Roms Kaiser Caligula diesen Herodes absetzen und nach Lyon verbannen.

Der dritte Herodäer, König Herodes Agrippa I., war ein Enkel von Herodes dem Großen und ein Bruder der Herodias. Er vereinigte noch einmal das ganze jüdische Land in einem Reich und ließ Simon Petrus um 42 n. Chr. ins Gefängnis stecken. „Die Gemeinde betete ohne Aufhören für ihn zu Gott", heißt es in der Apostelgeschichte. Und dann berichtet sie von einer wundersamen Befreiung:

In einer Nacht, in der Petrus angekettet zwischen zwei Kriegsknechten schlief, sei der Engel des Herrn im Kerker erschienen. Er habe Petrus befohlen aufzustehen. Die Ketten seien abgefallen. Das eiserne Tor habe sich geöffnet. Der Apostel war frei. König Herodes „ward gefressen von den Würmern", Petrus aber „zog an einen anderen Ort".

Nur wenige Jahre später war Petrus schon wieder in Jerusalem. Er stritt mit Paulus auf einem Apostelkonzil über den Umgang mit Heiden in Antiochien, und schließlich tauchten sie in Rom auf. Das Jahr ihrer Ankunft in der Stadt am Tiber liegt im Dunkel – genau wie das Jahr ihres Todes.

Paulus war von beiden der bedeutendere Theologe. Er goss das Christentum in jene religiöse Form, die zwei Jahrtausende überdauerte. Um den kraftvollen Petrus aber wurden alsbald Mythen und Dichtungen gewoben, die zu außergewöhnlicher Verehrung führten. Petrus wurde Rom, und Rom wurde Petrus.

Je tiefer Kaiser Nero dem Cäsarenwahn verfiel, umso bedrohlicher wurde die Lage der kleinen christlichen Gemeinde in Rom. Als im Jahr 64 n. Chr. mehrere Bezirke der Stadt niederbrannten, lenkte Nero den Brandstifterverdacht von sich ab auf sie und befahl ihre Verfolgung (vier Jahre bevor er sich selbst umbrachte).

Petrus – so erzählt die Legende – soll sich damals aufgemacht haben, der Stadt den Rücken zu kehren. Unterwegs, dort wo die Via Appia Antica beginnt, sei ihm Jesus begegnet. „Domine, quo vadis?", habe Petrus überrascht gefragt: „O Herr, wohin gehst du?" Die Antwort: „Ich gehe nach Rom, um abermals gekreuzigt zu werden." Da sei Petrus beschämt umgekehrt, den Märtyrertod zu erleiden. Als das Urteil gegen ihn vollstreckt werden sollte, habe er gebeten, mit dem Kopf nach unten ans Kreuz geschlagen zu werden, um für seine Schwäche zu sühnen. An der Stelle, an der Petrus angeblich seinen Herrn traf, erhebt sich heute eine kleine Kapelle. Sie trägt den Namen: „Domine, quo vadis?"

Sowohl Petrus wie Paulus sind in Rom frühestens 64, spätestens 67 n. Chr. umgebracht worden. Petrus wurde von Gemeindemitgliedern am Abhang eines römischen Hügels begraben. Nach seinem Tod begann – trotz einer zweiten Verfolgungswelle um 96 n. Chr. – der Siegeszug des Christentums. Um 300 n. Chr. reichte es von Spanien bis Persien. Es wurde die stärkste geschichtsbildende Kraft des Abendlandes und 380 n. Chr. Staatsreligion des römischen Imperiums.

Je enger sich das Christentum der Macht vermählte, umso bedeutender wurde die Stellung des Bischofs von Rom. Er wurde als Nachfolger des Apostels Petrus Primus inter Pares. Ein gefälschtes Dokument trug nicht unwesentlich zur Stärkung seiner Position bei: die so genannte Konstantinische Schenkung. Nach diesem wahrscheinlich erst im 8. Jahrhundert fabrizierten Dokument hatte Kaiser Konstantin der Große (306–337) den Vorrang Roms über alle Kirchen anerkannt und ihrem Oberhaupt die Herrschaft über das Abendland übergeben.

Aber als das Imperium in Ost- und West-Rom zerfiel, zerfiel auch die Einheit des Christentums in eine Ostkirche unter dem Patriarchen von Konstantinopel und in eine Westkirche unter Führung des Bischofs von Rom. Im 11. Jahrhundert war der Bruch unwiderruflich vollzogen. Im selben Jahrhundert wurde erlassen, dass nur der Herr der lateinischen Kirche den Titel „Papa" (Papst) führen dürfe, mit dem einst häufig auch Bischöfe und Äbte angeredet worden waren.

Ein zweites Schisma widerfuhr der römischen Kirche durch den Abfall der Protestanten im 16. Jahrhundert.

Im Glauben vereint, allein vor Gott. Andächtige bei der Ostermesse

„Weil unter Deiner Führung die Welt sich triumphierend zu den Sternen erhoben hat, weiht Dir Konstantin der Sieger diese Halle“

Inschrift von Kaiser Konstantin des Grossen an der Fassade des Petersdoms

Doch die Herrschaft der Nachfolger Petri über ihre fortan katholisch genannte Kirche blieb ungebrochen. Über 270 Päpste waren es bis heute, eine genaue Angabe ist wegen zahlreicher Gegenpäpste und geschichtlicher Ungereimtheiten unmöglich, nicht einmal die Reihenfolge der Päpste, die Petrus unmittelbar folgten, ist gesichert. Fest steht, dass bis jetzt insgesamt 78 Päpste heilig gesprochen worden sind.

Das Papsttum erwies sich als dauerhafteste Wahlmonarchie der Welt. Es hat außergewöhnlich große Menschen in außergewöhnlich großer Zahl für den Stuhl Petri gefunden, aber auch seltsame Erscheinungen voll menschlicher Tugenden und Schwächen, voller Gläubigkeit und Gier, Demut und Prunksucht, Nächstenliebe und Sinnlichkeit. Manche Päpste waren Kreaturen weltlicher Herrscher, andere krönten Kaiser oder zwangen sie, nach Canossa zu pilgern. Manche waren heilig, andere verworfen.

So wählte die Kurie 1294 den Eremiten Pietro Angelari da Murrone aus seiner Einsiedelei zum Papst Coelestin V. Äußerlich ungepflegt, der Kirchensprache nicht mächtig und von rührender Einfalt, erschien er vielen Gläubigen als wahrhafter „Engelpapst“. Doch nach nur fünf Monaten gab er auf. Er trat als einziger Papst der Geschichte zurück.

Sein Gegenstück war der Borgia-Papst Alexander VI. (1492–1503) voll majestätischer Würde und leidenschaftlicher Gewalttätigkeit. Lüstern dem Laster ergeben, veranstaltete er Orgien, bei denen er jene auszeichnete, die seinen Kurtisanen am häufigsten beiwohnten. Er starb vermutlich an einem Gifttrunk, der für einen Gast bestimmt gewesen war.

Der vollständige Titel des Nachfolgers Petri lautet heute: „Bischof von Rom, Statthalter Jesu Christ, Nachfolger des Apostelfürsten, Summus Pontifex der gesamten Kirche, Patriarch des Abendlandes, Primas von Italien, Erzbischof und Metropolit der römischen Kirchenprovinz, Souverän der Vatikanstadt“.

Über der letzten Ruhestätte des Mannes, mit dem alles begann, ließ Kaiser Konstantin 324 n. Chr. den ältesten Bau der Peterskirche errichten. Im 15. Jahrhundert wurde er durch einen Neubau ersetzt, an dem Raffael und Michelangelo mitwirkten. Ein im Verlauf von Ausgrabungen nach 1940 unter dem Gotteshaus gefundenes Grab könne, so befindet der Schweizer Kirchenhistoriker Hans Kühner in seinem Werk „Das Imperium der Päpste“, „gesichert als Grab des Apostels gelten, und die darin gefundenen Gebeine sind mit größter Wahrscheinlichkeit die seinen“.

Feucht Hof

Der Feucht Hof liegt auf dem 1400 Meter hohen Herrenberg im Südtiroler Ahrntal. Auf ihm lebt Alois Auer mit seiner Nichte Annelie, deren Mann Heinrich und ihren drei Kindern. Zehn Menschen, die ihm nahe waren, hat er durch den Tod verloren. Der Bergbauer steht jeden Morgen um 4 Uhr auf und widmet ihnen ein paar Tropfen Weihwasser. „Vertrau auf Gott und auf die Himmelsmutter Maria, auf dich selbst und auf sonst niemanden", sagt er.

Zierde und Werkzeug: ein handgemachter Reisigbesen

Alois Auer wurde 1940 auf dem Feucht Hof geboren – in derselben Kammer, in der er heute noch schläft. Er hat seit seiner Geburt den Hof nicht verlassen

Alois Auer betet in der Kapelle seines Feucht Hofes vor der Statue des Heiligen Franziskus. Das kleine Gebäude, in dem sie untergebracht ist, dient zur einen Hälfte als Backofen, zur anderen der Zwiesprache mit Gott

Der Feucht Hof hat kein fließendes Wasser. Einmal in der Woche holt Auers Nichte Annelie frisches Quellwasser, erhitzt es und badet ihre Kinder in der guten Stube. Christian und Helmut sitzen in ihren Wannen, Matthias wird auf der Ofenbank gewickelt

Alois Auer mit seiner Bernhardinerhündin Lea auf dem Weg zum Stall. Er hat gesenst und trägt auf der Kraxe frisches Gras zu seinen Kühen

Stillleben eines Bergbauern: An der Wand der Almhütte hängt, was Alois Auer gesammelt hat

Außer den Jahreszeiten ändert sich wenig auf dem Feucht Hof. Vom asphaltierten Zufahrtsweg abgesehen, steht er da, wie er vor rund zweihundert Jahren auf eine Lichtung zwischen Nadelhölzer gebaut wurde.

In einer Nacht des Kriegsjahres 1940 wurde auf ihm Alois Auer „in die Dunkelheit geboren", wie er erzählt: Die Hebamme suchte gerade in der kleinen Hauskapelle nach einer Kerze, als er zur Welt kam, ohne ein Licht der Welt zu erblicken – in derselben Kammer, in der er noch heute schläft.

Der Feucht Hof hatte einen neuen Bergbauern, und alles, was der fortan zum Leben brauchte, lieferte jener ihm: Milch und Butter von den Kühen, Wolle von den Schafen, Brennholz aus dem Wald, Eier von den Hühnern, Gemüse aus dem Garten, Kartoffeln und Getreide vom Felde, Fleisch vom Schwein, Wasser aus der Quelle, Fett von der Gans.

Alois Auer, der Feuchter Lois, wie er im Tal genannt wird, steht morgens um vier Uhr auf und geht abends um acht Uhr zu Bett. „Ich erbitte Gottes Segen für die Arbeit, aber verlange nicht, dass er sie auch tut", brummt er. Hat er zu viel Arbeit? „Ja." Geheiratet hat er nie. Reisen und Ferien kennt er nicht. Er ist Urgestein, wie der Berg, auf dem er lebt.

Zehn Menschen, die ihm nahe standen, hat er durch den Tod verloren: Vater und Mutter 1975 und 1994. Er ist dankbar dafür, dass seine Mutter und er sich auf ihrem Sterbebett noch gegenseitig segnen konnten. Denn: „Wer den Glauben an Gott verliert, verliert den Faden nach oben." Von seinen drei Schwestern starben zwei. Die eine fand eine Handgranate aus dem Krieg, die sie zerriss. Die andere, die ohne Mann mit drei Kindern bei ihm auf dem Feucht Hof lebte, erkrankte an Krebs. Er pflegte sie fünf Jahre bis zu ihrem Tod. „Darüber bin ich grau geworden." Dann zog er die Kinder auf, bis sie von den Behörden weggenommen wurden. „Darüber bin ich nie hinweggekommen." Sein älterer Bruder Josef trank sich ins Jenseits. Man fand ihn erfroren im Wald. Eine Lebensgefährtin wurde Opfer der Magersucht. Ein Bruder seiner Mutter starb 1952, ein Ziehsohn seiner Eltern 1965, zwei Kinder seiner Patenkinder starben 1982. Diese häufige Begegnung mit dem Tod hat Alois Auers Leben geprägt.

Es gibt nicht mehr viele Bergbauern in dem seit 1919 italienischen Südtirol. Die Zuwanderer aus dem Süden ließen die Städte wachsen. Der Tourismus verwandelte die Täler. Discos und Pizzerias eröffneten in den Dörfern. Hänge wurden Skipisten; Schneisen für Skilifte wurden in die Bergwälder geschlagen; Bauern verkauften ihren teuer gewordenen Boden. Der Feuchter Lois wollte davon nichts wissen.

Er liebte seine Freiheit, auch wenn im Winter der Wind durch manche Ritze des Hofes pfeift. „Man muss das Leben bejahen." Das ist seine Überzeugung. Allen seinen Tieren gab er Namen, wie einst der heilige Franz von Assisi, dessen Statue in seiner kleinen

Die Dämmerung senkt sich auf den Hof und die Zillertaler Alpen. Im Tal flammen die ersten Lichter auf

„Wer Bauer ist, der bleibt es auch,
lebt gläubig und nach altem Brauch.
Er scheuet Mühe nicht und Not,
sucht neue Wege für das Brot
und weiß, wo fern von Trug und Zwist
sein Paradies auf Erden ist“

ALOIS AUER

Hauskapelle steht. „Bei Kühen müssen die Ohren aufrecht stehen, sonst werden sie falsch gehalten“, lautet eine seiner Bergerkenntnisse. Und eine andere: „Alles sehen, alles hören, nichts wissen. Das ist alte Bauernweisheit.“

Um die Zukunft des Hofes zu sichern, hat er ihn 1999 auf seine Nichte Annelies überschreiben lassen. „Wer sich nicht selbst befiehlt, bleibt ewig Knecht“, sagt er. Nur von einem Stück Wald und seinen Schafen mochte er sich noch nicht trennen.

Sonntags steigt der Feuchter Lois zum Gottesdienst in der Dorfkirche ins Tal hinab. Alltags betet er auf dem Feucht Hof. Andacht braucht keine Kathedralen. Er betrachtet sein hartes, entbehrungsreiches Leben als Prüfung. Sein tiefer christlicher Glaube gibt ihm die notwendige Kraft. Er wohnt auf dem Feucht Hof dem Himmel ein Stück näher als andere. Eins weiß der Bergbauer ganz sicher: „Ich glaube an den Himmel. Da komme ich in die erste Reihe.“

BAYERN

Bayern ist Kernland des katholischen Glaubens in Deutschland. Gottesfurcht und Lebensfreude zeichnen seine Menschen aus. Schon im 6. Jahrhundert bekannte sich der zwischen Alpen und Donau herrschende erste Herzog der Agilolfinger zum Christentum. Anfangs strebten Klöster, dann Kirchen, schließlich Kathedralen dem weißblauen Himmel entgegen. „Gott mit Dir, Du Land der Bayern", so verheißt die Hymne des Freistaats seinen Bewohnern noch heute.

Ein goldener Putto im Innern der außen schlichten „Wies"

Dominikus Zimmermann baute von 1745 bis 1754 bei Steingaden die „Wies", eine der berühmtesten Kirchen des Rokoko. Ihre allegorischen Figuren künden von Leid, Buße und Erlösung

Grablichter leuchten zur Weihnachtszeit in der hereinbrechenden Dämmerung auf dem Friedhof der Pfarrkirche von Ramsau

Dreimal trägt ein Pilger ein hölzernes Kreuz vorbei an über 2000 Votivtafeln durch den Rundgang der Gnadenkapelle in Altötting, dem bedeutendsten Wallfahrtsort Bayerns mit einer schwarzen Madonna

Theologe Robert Bauer kniet betend in der heiligen Gnadenkapelle von Altötting

„Der Bayer hat ein irdisches Verhältnis zur Religion und ein mystisches zum Bier“

THEOLOGE JOHANN-BAPTIST METZ

Der Hofmaler Balthasar Augustin Albrecht vollendete 1754 das prunkvolle Altarbild der „Wies"

Der liebe Gott ist im bayerischen Alltag allgegenwärtig. Kreuze hängen in den Klassenzimmern, Kirchenglocken künden die Uhrzeit, Marienbilder schmücken Berghütten, der Name des Herrn taucht in Jubelrufen, Flüchen und Trinksprüchen auf.

Das Land von Laptops und Lederhosen ist der zugleich modernste und am stärksten traditionsgebundene Teil Deutschlands. Es hat die besten Schulen, die intelligentesten Abiturienten, die fortschrittlichsten Industrien und gleichzeitig die meisten Kirchgänger. Sieben Stämme bewohnen das flächenmäßig größte Bundesland der Republik

Die Gletscher der vier Eiszeiten, benannt nach den Flüssen Günz, Mindel, Riß und Würm, an denen sie sich besonders klar nachweisen lassen, formten sein Land und seine Berge.

Vermutlich aus dem Osten kommende Kelten besiedelten etwa 500 v. Chr. seine Täler und Ebenen – genau wie weite Teile Europas bis hin nach Frankreich und England.

Die Römer, die die Kelten Gallier tauften, schlugen Bayern im 1. Jahrhundert ihrer Provinz Raetien zu, machten Augsburg zur Hauptstadt und zogen den Limes gegen die Germanen ein Stück der Donau entlang. Roms großer Geschichtsschreiber Tacitus nannte die Bewohner des Gebietes „Boier".

Im 4. Jahrhundert schlich sich das Christentum von Süden in die römische Provinz. Die Macht des Imperiums schrumpfte, die Macht der Religion wuchs. Im 5. Jahrhundert war der Heilige Severin Bayerns bedeutendster Missionar. Eine von ihm in Passau errichtete Kirche existiert – vielfach erneuert – noch heute.

Die Kelten vermischten sich mit einer Vielzahl von Völkern, mit Römern und Germanen, mit Slawen, Franken, Alemannen und Markomannen, mit Langobarden, Ostgoten, Hunnen und was im Lauf der Zeit so alles des Weges kam. Das Ergebnis waren die Bayern.

Ihr erster Herrscher wurde im 6. Jahrhundert Herzog Garibald aus dem Geschlecht der Agilolfinger. Dann gehörte das Land zum Heiligen Römischen Reich Deutscher Nation und teilte dessen Schicksal und das seiner Nachfolger bis in das zweite Jahrtausend.

Jahrhunderte hindurch wuchsen die Wurzeln des Katholizismus immer tiefer in den bayerischen Grund. Paläste, Stifte und Gotteshäuser spiegelten Macht und Kraft der Religion, im Barock und Rokoko in einer Pracht, wie sie nie wieder erreicht werden sollte. Nach der Strenge von Romantik und Gotik wohnte ihnen eine gläubige Heiterkeit inne, die dem Lebensgefühl der Süddeutschen entgegenkam.

Nirgendwo im Land der Bajuwaren wird das so deutlich wie im Pfaffenwinkel, einer 250 Jahre alten Bezeichnung für die Kathedralen, Kirchen und Klöster zwischen Andechs und Dießen am Ammersee über Wessobrünn und Weilheim bis zur Wieskirche. Dort herrschten einst friedliche Äbte wie kleine Könige in ihrem Sprengel. Heute bestaunen Touristen die Überbleibsel einer versunkenen Welt.

Externsteine

Im deutschen Teutoburger Wald, wo um 9 n. Chr. Armin der Cherusker dem römischen Feldherrn Varus aufs Haupt schlug, erheben sich die Externsteine. Sie bestehen aus Sandstein und ragen bis zu 40 Meter hoch. Möglicherweise waren sie einst schon germanische Kultstätte. Sicher ist, dass sie später christlichen Einsiedlern als Zuflucht dienten. 1093 wurden sie von Paderborns Benediktinerkloster Abdinghof erworben. Eine 1115 geweihte Kapelle wurde dort errichtet. Neben ihrem Eingang ist ein Relief der Kreuzabnahme in den Fels gehauen, weiter unten im Felsen entstand in einer Nische das „Heilige Grab“ – beide Nachahmungen der heiligen Stätten Jerusalems gedacht. In den Wäldern der Umgebung klopft der Buntspecht

SANTIAGO DE COMPOSTELA

Neben Jerusalem und Rom ist Santiago de Compostela im Nordwesten Spaniens der bedeutendste Wallfahrtsort der Christenheit. Denn dort ruhen für die Kirche die Gebeine des Jüngers St. Jakobus (englisch: St. James, spanisch: Santiago). Er war schon zu Lebzeiten einer der volkstümlichsten Apostel und wurde der Schutzheilige Spaniens.

Sieben Männer sind nötig, um den silbernen Weihrauchkessel mithilfe eines armdicken Taus weit durch das Kirchenschiff schwingen zu lassen

Vor den Hügeln von Galicia überragen die Türme der Kathedrale von Santiago de Compostela die Dächer der Altstadt. Der Bau des Gotteshauses dauerte über 130 Jahre, sein Grundriss ist ein lateinisches Kreuz, 98 Meter lang und 67 Meter breit

Viele Pilger wanderten einst von Santiago weiter ans Kap Finisterre am Atlantik, an die Grenze des bekannten Reiches der Menschen

Donnersöhne" hatte Christus zwei seiner Jünger genannt: den galiläischen Fischer Jakobus und dessen Bruder Johannes. Die beiden waren Söhne des Zebedäus und standen wie Petrus dem Herzen Jesu besonders nah. Der eine wurde Jakobus der Ältere gerufen, um eine Verwechselung mit einem anderen Jünger gleichen Namens auszuschließen.

Nach der Kreuzigung verbreitete Jakobus – der Überlieferung zufolge – das Evangelium in Spanien. Gesichert ist nach der Apostel-Geschichte, dass der jüdische König Herodes Agrippa I. im Jahr 44 n. Chr. Petrus ins Gefängnis werfen und Jakobus mit dem Schwert enthaupten ließ.

Zunächst sollen die Gebeine des Jakobus um 70 n. Chr. aus Jerusalem nach Sinai gebracht und im 8. Jahrhundert von dort vor den Sarazenen nach Spanien gerettet worden sein. Zu Beginn des nächsten Jahrhunderts führte ein Sternenlicht einen Einsiedler im Nordwesten Spaniens zu einem Marmorsarg auf einem Feld des Hügellandes. In ihm wurden um 813 angeblich die Überreste des Jakobus entdeckt.

Über den Gebeinen des Märtyrers errichtete Alfons II. von Asturien eine Lehmkirche, die Alfons III. durch eine Steinkirche ersetzte.

Damals war fast ganz Spanien von islamischen Mauren beherrscht. Sie hatten Goten und Sueben, Berber und Kelten besiegt und in die Kantabrischen Gebirge im Nordwestzipfel des Landes vertrieben.

Die Christen waren in winzige Königreiche zersplittert, ihr Boden war karg, und eine mächtige Gebirgsschranke, die Pyrenäen, trennte sie vom übrigen Europa.

Die Magdalenen-Brücke kreuzt bei Leboreiro den Rio Seco. Über sie führt der „Jakobs-Weg" von Frankreich nach Santiago de Compostela

In dieser Situation wurde für die Christen die letzte Ruhestätte des Heiligen in Galicia alsbald zu einem Wallfahrtsort. Neben Kirche und Kloster entstand eine Stadt. Papst Leo III. erhob sie zum Bischofssitz. 876 war sie schon Konzilsort.

Hundert Jahre später, 997, zerstörte Almansor, der Herr im Kalifenreich von Córdoba, die aufgeblühte Stadt – bis auf das Grab des Jakobus. Doch nach dem Rückzug der Mauren begann der Wiederaufbau.

Papst Urban II. verlieh der neu erstandenen Stadt in Anlehnung an die Geschichte von der Auffindung des Apostelgrabes den Namen Santiago de Compostela (St. Jakob im Sternenfeld). Um 1078 wurde mit dem Bau der heutigen Kathedrale begonnen. Er dauerte über 130 Jahre. Spanien hieß nun bis hinauf nach Schweden „Jakobsland", und Santiago wurde zum Jerusalem des Westens.

Unter König Alfons VI. von Kastilien und León (1072–1109) zog der Ort immer größere Pilgerscharen aus ganz Europa an. Von Frankreich führten vier große Wallfahrtsstraßen nach Santiago de Compostela. Hospitäler, Gotteshäuser und Herbergen für die Pilger säumten sie. Diese Pfade des „Camino de Santiago", des „Jakobs-Wegs", wurden zugleich wichtige Handelsstraßen.

1120 war die Stadt Erzbischofssitz, 1175 wurde der Militärorden von Santiago gegründet, der sich im Kampf gegen die Mauren hervortat. Nur Jerusalem war den Christen des Mittelalters heiliger.

Heute ruhen die Gebeine des Jüngers in einem Silbersarkophag in der Krypta. In der Stadt mit mehr als 100 000 Einwohnern erheben sich über 45 christliche Kirchen.

Popen des Klosters zelebrieren die nächtliche Weihnachtsliturgie

St. Sergius

75 Kilometer nordöstlich von Moskau erhebt sich das Kloster der Dreifaltigkeit. Es ist seinem Begründer Sergius (1319–1392) geweiht, dem Schutzpatron Russlands. 1422 wurde er heilig gesprochen. Fünf Jahre später war eine Kathedrale aus weißem Marmor über seinem Grab fertig gestellt. Das Sergius-Kloster der Dreifaltigkeit wurde zum Sitz des Patriarchen der russisch-orthodoxen Kirche.

Mit bedecktem Haupt lauschen gläubige Frauen auf der Empore der Weihnachtsmesse

Durch den Schnee der Winterlandschaft stapft ein Besucher über die kleine Brücke dem Kloster am Ostrand der Stadt Sergijew Possad entgegen. Eine anderthalb Kilometer lange Mauer umschließt den Glockenturm und die Gotteshäuser. In der Dreifaltigkeits-Kathedrale ruhen die Gebeine des heiligen Sergius in einem silbernen Sarkophag

Die Mariä-Himmelfahrts-Kathedrale (links) wurde von Iwan dem Schrecklichen (1530–1584) erbaut und erinnert an seine Siege über die Tataren. An ihre Seite schmiegt sich die kleine Brunnen-Kapelle. Sie steht über einer Quelle, deren „Wasser des heiligen Sergius" wundersame Heilkraft nachgesagt wird

Gehüllt in weiße Kopftücher, singt der Klosterchor die Weihnachtsliturgie

Bis zu fünf Stunden dauern die Messen

Schon früh zeigten sich Risse zwischen den christlichen Kirchen der westlichen und der östlichen Hälfte des Römischen Reiches. Die Erhebung des Lateinischen zur Kirchensprache, dogmatische Streitigkeiten und der Aufstieg von Byzanz zur Reichshauptstadt führten schließlich 1054 zum endgültigen Bruch zwischen der lateinischen und der griechischen Kirche, zwischen dem Papst in Rom und dem Patriarchen von Konstantinopel. Stolz erhob die Orthodoxe Kirche in der griechisch-orientalischen Hälfte des Imperium Romanum ihr Haupt.

Der Katholizismus, den Großfürst Wladimir der Heilige von Kiew um jene Jahrtausendwende in Russland eingeführt hatte, war von Beginn an byzantinischer Prägung. Aber schon ab dem 13. Jahrhundert wurden zunehmend Russen statt Griechen Metropoliten von Kiew und ganz Russland. 1326 verlegten sie ihren Sitz nach Moskau. Und genau zu jener Zeit erscheint die ungewöhnliche Figur des heiligen Sergius von Radonesch auf der Bühne von Religion und Geschichte.

Sergius entstammte einer verarmten altrussischen Adelsfamilie. Als junger Mann zog er um etwa 1340 in den Urwald von Radonesch. Dort errichtete er zunächst eine kleine Klause mit Holzkirche. Später wurde aus der Einsiedelei eine klösterliche Siedlung mit eigener Bäckerei und Küche, Refektorium und zwei weiteren Kirchen. Der Metropolit von Moskau ernannte Sergius zum Abt dieses Klosters der Dreifaltigkeit in der Wildnis.

Die charismatische Mönchsgestalt des Sergius wirkte auf zwei Ebenen zugleich. Geistlich setzte er sich unermüdlich für die Missionierung des russischen Nordens ein. Und er unterstützte politisch den Zusammenschluss zahlreicher kleiner Teilfürstentümer unter Moskauer Vorherrschaft. Er wurde zum russischen Idol.

1380, am Vorabend der Schlacht von Kulikowo, segnete er Großfürst Dimitrij Donskoj. Dem Großfürsten gelang, was damals als ausgeschlossen galt: Er schlug auf dem Schnepfenfeld das für unbesiegbar gehaltene Tatarenheer der Goldenen Horde. Viele Gläubige waren überzeugt, nur dem Segen des Abtes Sergius sei der Triumph zu verdanken.

Sergius, der die Ehre ablehnte, Metropolit von Moskau zu werden, starb 1392. Nur 16 Jahre später kehrten die Reiter der Goldenen Horde zurück und zerstörten das Dreifaltigkeits-Kloster. Doch schon nach vier Jahren wurde es wieder aufgebaut, am Ostrand der Stadt Sergijew Possar, 75 Kilometer nordöstlich von Moskau – eine der heiligsten Stätten Russlands.

Über den Gebeinen des heiligen Sergius in einem Sarkophag aus Silber erhebt sich seither die aus weißem Kalkstein gemauerte Dreifaltigkeits-Kathedrale. Pilger legen noch heute Zettel mit ihren innigsten Wünschen auf den Sarg des Mönchs.

Nur wenige Jahre nach der Dreifaltigkeits-Kathedrale entstand im Kloster die Heilig-Geist-Kirche.

Iwan der Schreckliche (1530–1584), der im Dreifaltigkeits-Kloster getauft worden war und später im Jähzorn seinen ältesten Sohn tötete, schenkte dem Dreifaltigkeits-Kloster dann seinen eindrucksvollsten Bau. Nach dem Vorbild der Mariä-Himmelfahrts-Kathedrale des Kreml ließ er ein gleichnamiges Gotteshaus im Kloster errichten.

Es ist gekrönt von vier blauen Kuppeln, die mit Sternen übersät sind. Über ihnen erstrahlt in Gold die Hauptkuppel. Die Kirche soll an Iwans Siege über die Tataren bei Kasan und Astrachan erinnern.

Hinter der Kathedrale befindet sich das Grab des einzigen Zaren (und seiner Familie), der nicht im Kreml beigesetzt ist: Boris Godunow. Er hatte die Eroberung Sibiriens eingeleitet und löste 1589 die russische Kirche aus dem Patriarchat Konstantinopel. Fortan saß ein eigener Patriarch in Moskau. Russland war zum „Dritten Rom" geworden. Doch Boris Godunow war kein Glück beschieden. Wahrscheinlich hatte er den rechtmäßigen Zarewitsch umbringen lassen, um selbst Zar werden zu können. Sicher ist, dass sein eigener Sohn später ermordet wurde. Als Boris Godunow starb, schmierte sich das Volk Speichel in die

Ein Mädchen verbirgt sein Antlitz, eine einäugige Greisin lauscht andächtig

„Auf einmal war da bei dem Engel die Menge der himmlischen Heerscharen, die lobten Gott und sprachen: Ehre sei Gott in der Höhe und Friede auf Erden und den Menschen ein Wohlgefallen“

LUKAS 2. 14

Augenhöhlen, um Tränen der Trauer vorzutäuschen.

Die Zarin Elisabeth Petrowna verlieh im 18. Jahrhundert dem Kloster den Ehrentitel einer Lawra. Damit war es eines der bedeutendsten Klöster des Reiches. Nach der Zarenfamilie war der Abt des Klosters der reichste Großgrundbesitzer des Landes. Das Kloster erhielt einen 87 Meter hohen Glockenturm, der alle seine Gotteshäuser überragte.

1917 ergriffen die Bolschewiken die Macht. „Gott ist tot“, war ihre Botschaft. Sie plünderten das Kloster und vertrieben die Mönche. Die Stadt Sergijew Possad wurde nach einem ermordeten Parteisekretär Wladimir Sagorskij in Sagorsk umgetauft. Aber dann fielen Hitlers Truppen in die Sowjetunion ein. Und Stalin konnte im großen „Vaterländischen Krieg“ jede Hilfe brauchen, selbst die des lieben Gottes: Gläubige und Ungläubige durften hinter den Mauern des Dreifaltigkeits-Klosters himmlischen Beistand gegen die Invasoren erflehen.

Nachdem das „Reich des Bösen“ (Ronald Reagan) im Orkus der Geschichte versank, wurde Sagorsk wieder zu Sergijew Possad. Und das Kloster der Dreifaltigkeit, umgeben von einer fast anderthalb Kilometer langen Wehrmauer, ist wieder einer der religiösen Mittelpunkte des Landes, Wallfahrtsort und Teil des „Goldenen Rings“ heiliger Stätten, der Moskau umgibt.

DELPHI

Zeus entließ zwei Adler von entgegengesetzten Enden der Welt. Sie trafen sich an den Hängen des Berges Parnass, hoch über dem heutigen Golf von Korinth. Dort war fortan der Nabel des Universums, so glaubten die Griechen der Antike. Im 8. Jahrhundert v. Chr. wurde der Ort Heiligtum des Gottes Apoll, der in Delphi die Schlange Python besiegt haben soll. Der ihm zu Ehren errichtete Tempel am Fuße des Amphitheaters war für Hunderte von Jahren Sitz des berühmtesten Orakels der Geschichte. Meist war es eine Frau über 50, Pythia genannt, gereinigt durch das Wasser einer heiligen Quelle, die auf einem Dreifuß sitzend den Menschen den Willen der Götter verkündete und die Zukunft prophezeite

Meteora

Im Nordostwinkel der thessalischen Ebene, dort, wo der Fluss Pinios aus dem Gebirge Pindos tritt, ragen unvermittelt steile Felstürme aus dem Tal wolkenwärts. Sie sind aus Sandstein und bis zu 630 Meter hoch. Auf ihren Kuppen und Vorsprüngen wurde eine Mönchsstadt zwischen Himmel und Erde erbaut. Ihre Lage gab ihr den Namen: „ta metéora monasteria“ – die in der Luft schwebenden Klöster. Sie waren nur über Seile, Strickleitern oder hochzuziehende Netze zu erreichen.

Öllampe und Votivtafel für einen am Berg Verunglückten

In 570 Meter Höhe wurde das Kloster der Heiligen Dreifaltigkeit auf dem Gipfel des Pirgos Kalambakas von Mönchen errichtet – Gott und dem Gebet geweiht

Die unter-
gehende Sonne
Thessaliens
streift das auf
einer Felsnase
thronende
Kloster Rousánou.
Auf den schroffen
Felswänden
jenseits des Tals
künden Schatten
schon das Dunkel
der kommenden
Nacht

Das Deckengewölbe der Kapelle des Klosters der Heiligen Dreifaltigkeit ist mit einem Bild Jesu ausgemalt

„Geschaffen von dem Mönch und armen Kuttenträgern ZPq“ (= 1682)

Inschrift über einem Türsturz des Klosters der Heiligen Dreifaltigkeit

Nach der glaubwürdigen These des deutschen Geologen Alfred Philippson von 1897 entstanden die Felsen von Meteora aus Geröllablagerungen eines Bergstroms, der an dieser Stelle Jahrtausende in einen schmalen, aber tiefen Arm des Meeres mündete, das damals die gesamte thessalische Ebene bedeckte.

Am Fuß der Felsen bildete sich schon zur Zeit der Antike ein Ort, der damals Aiginion hieß. 167 n. Chr. wurde er von römischen Eroberern zerstört, doch von den überlebenden Einwohnern wiederaufgebaut. Es ist das heutige Kalampaka.

Seit dem neunten Jahrhundert siedelten über ihm Eremiten und Asketen in Höhlen und Spalten der Meteora-Felsen, verbrachten Zeit im Gebet oder mit dem Studium alter Schriften. Um 1100 gründeten sie eine erste Einsiedlergemeinschaft auf dem Gipfel der Doupiani-Säule. Sie war Ursprung von Meteora.

Zwei friedliche Jahrhunderte verstrichen. Dann fielen Kreuzfahrer und Katalanen, Albaner und Türken in die thessalische Ebene ein. Mitte des 14. Jahrhunderts, zur Zeit der Herrschaft des Serbenkönigs Stephan Duschan und dessen Halbbruders Symeon, errichtete der aus der Mönchsrepublik Athos vertriebene Mönch Athanasios Koinovitis mit 14 Mönchen aus der Umgebung auf dem Berg „Breiter Stein“ die erste Kirche, das Kloster der „Verklärung des Herren“, später „Groß-Meteora“ genannt. Frauen war der Zutritt verboten. Das Vorbild des Athanasios machte Schule. Während der folgenden Jahrzehnte baute der Eremit Neilos vier Kirchen auf vier benachbarten Felsen.

1371 starb der fromme Herrscher Symeon. Thronfolger war sein Sohn Johannes Urosch Paläologos, der damals auf dem Berg Athos studierte. Nach seiner Heimkehr nach Thessalien lernte er den Mönch Athanasios kennen und war von dem Abt so tief beeindruckt, dass er der Krone entsagte und als Mönch Joasaph in das Kloster „Groß-Meteora“ eintrat.

Elf Jahre währte die glückhafte Zusammenarbeit von Lehrer und Schüler. Dann wurde Athanasios in seinem Kloster bestattet und Joasaph Abt. Unter ihm stieg „Groß-Meteora“ zu einem der reichsten und berühmtesten Klöster Griechenlands auf. Es wurde Zentrum der Klostergemeinschaft an und auf den Felsentürmen. Athos-Mönche malten seinen Chorraum aus. Die Blüte von Meteora hatte begonnen. Im 16. Jahrhundert gehörten nicht weniger als 16 Klöster zur Mönchsstadt.

Langsam, aber unaufhaltsam setzte in den letzten drei Jahrhunderten der Niedergang ein. Heute ist nur noch ein halbes Dutzend Klöster bewohnt. Zu allen führen Brücken oder Steinstufen für Touristen. Und der kleine Ort Kalambaka am Fuß der Meteora-Felsen hat einen Campingplatz.

PATMOS

Es war an einem Sonntag (um 95 n. Chr.), da hörte der fromme Einsiedler Johannes in seiner Felsenhöhle auf der Insel Patmos „eine Stimme wie eine Posaune". Die Felsendecke spaltete sich. Gott verkündete ihm die Apokalypse, das letzte Buch der Bibel. Johannes starb 101 n. Chr. in Ephesos. Ob er der Apostel Johannes war, ist umstritten. Seine Höhle ist heute heilige Stätte der Christen. Die Felsendecke ist zu drei Fingern aus Stein geformt – gleich jenen drei Fingern der menschlichen Hand, mit denen der christliche Segen erteilt wird, weil sie die heilige Dreieinigkeit von Vater, Sohn und Heiligem Geist symbolisieren

Mit 174 Metern ist der sagenumwobene Hügel Tor die höchste Erhebung

GLASTONBURY

Hügel steigen aus sumpfigem Weideland am Ufer des Flusses. Obstgärten bedecken ihre Hänge. Dazwischen liegt Glastonbury, die lieblichste mystische Meile Englands. Dort, wo Heiden der Steinzeit und keltische Druiden ihre Götter verehrten, entstand Englands erste christliche Kirche – aus Weidengeflecht. An diesem Ort in Somerset soll König Arthur gestorben und begraben sein.

Blumen und Kreuz schmücken den Wanderstab eines katholischen Pilgers in Glastonbury

Jedes Jahr wallfahren anglikanische Geistliche in die Ruinen der Glastonbury Abbey, wo Englands erste christliche Kirche stand

Am Sonntag,
einen Tag nach der
anglikanischen
Prozession, tragen
Katholiken eine
Marien-Statue vom
Hügel Tor hinab zur
Glastonbury-Abbey

Aus der Quelle Chalice Well am Fuße des Tor sprudelt rötliches Wasser. Nach der Legende wurde es vom Blut Jesu aus dem Heiligen Gral gefärbt und besitzt heilende Kraft

„Der Kelch, der Gral,
aus dem unser Herr beim letzten Abendmahl mit
den Seinen trank…“

Lord Tennyson in „Idylls of the King“

Geheimnisse umgeben Glastonbury in Somerset mit seinen jahrhundertealten Häusern. Astrologen machten im Gelände rund um das Dorf alle zwölf Sternzeichen des Tierkreises aus, die durch Bäche und Bäume, Erhebungen und alte Straßen wie von riesiger Hand in die Landschaft geritzt erscheinen. Archäologen fanden auf dem Hügel Tor Spuren eines Labyrinths aus vorgeschichtlicher Zeit; auf dem Gipfel erhebt sich der 600 Jahre alte Turm von St. Michael. Am Fuße des benachbarten Chalice Hill entspringt eine Quelle, deren Wasser heilende Kräfte zugeschrieben werden. Und in Glastonbury selbst kreuzen sich die Fährten der beiden legendärsten Gestalten Englands, die Spur des Apostel Joseph von Arimathia und die des Königs Arthur.

Der reiche Jude Joseph von Arimathia war ein Anhänger Jesu gewesen. „Um der Verfolgung durch Herodes oder durch hohe römische Beamte in Judäa zu entgehen“, so heißt es in einer mittelalterlichen Denkschrift englischer Bischöfe, sei Joseph nach der Kreuzigung Christi nach „Grete Bretayne“ entwichen. Mit zwölf Gefährten habe er in Glastonbury aus Zweigen und Lehm die erste christliche Kirche errichtet.

Natürlich kann niemand sagen, ob Joseph wirklich der Erste war, der den Kelten die christliche Botschaft brachte. Doch im Mittelalter wurde er als Gründer der englischen Kirche anerkannt.

Aus Jerusalem – so die Überlieferung – hatte Joseph von Arimathia jenen Kelch mitgebracht, der Jesus beim letzten Abendmahl mit seinen Jüngern von Pilatus gereicht und in dem später das Blut des Gekreuzigten aufgefangen worden sein soll: den Heiligen Gral.

Die Suche nach eben diesem Gral wurde Thema des Epos um König Arthur. Festlandsagen, antike und orientalische Elemente, keltisches und frühgermanisches Erzählgut verschmolzen mit der Legende. Der König wurde auf beiden Seiten des Kanals zum ethischen Vorbild christlichen Rittertums des Mittelalters.

König Arthur hatte an seinem Hof Camelot eine Tafelrunde kriegerisch-romantischer Ritter versammelt. Zu ihr gehörte Lancelot, den eine tragische Liebe mit der Königin Guinevere verband. Und Lancelots Sohn Galahad soll es gewesen sein, dem der Gral noch einmal erschien, ehe er für immer vergraben wurde – bei Glastonbury, wo das Blut Jesu aus ihm das Wasser von Chalice Well rötlich färbt.

In seiner letzten Schlacht gegen einen verräterischen Neffen siegte König Arthur , wurde aber schwer verwundet. Eine Barke setzte ihn im Nebel über zur Feeninsel Avalon. „Ich werde zurückkehren, wenn das Land mich braucht“, rief er zurück.

War Avalon Glastonbury? Sicher ist, dass im frühen Mittelalter weite Teile der nördlichen Ebene von Somerset vom Meer überschwemmt waren und Glastonbury als Insel aus den Fluten ragte. 1191 wurden dann auch in Glastonbury Abbey angeblich die Särge von Arthur samt seiner Königin entdeckt. Die Krone ließ die Gebeine öffentlich zur Schau stellen – um den Untertanen zu beweisen, dass Arthur tot sei. Denn noch immer glaubten viele an dessen Wiederkehr. Anschließend fanden die Toten – wer immer sie waren – in einem schwarzen Marmorgrab in der Abtei die letzte Ruhe, ehe das Gotteshaus im 16. Jahrhundert zerfiel.

Cerne Gigant

Durch Abtragen der Grasnarbe bis auf die Kreidefelsen entstanden in Südengland mindestens 38 bis heute erhaltene Figuren. Der 60 Meter große Riese von Cerne Abbas ist eine der berühmtesten. Seine mächtige Keule schien dem Archäologen Stuart Piggott auf den Herkules-Kult zur Zeit der römischen Herrschaft im 2. Jahrhundert hinzudeuten. Andere Forscher dagegen halten den Giganten auf dem Hügel in Dorset für einen heidnischen Fruchtbarkeitsgott. Pamela Digby, spätere Schwiegertochter Winston Churchills und US-Botschafterin in Paris, sprang als Kind auf ihrem Pony oft über den mächtigen Phallus des Riesen: „God, it's big, pflegte sie zu sagen", erinnert sich ihre damalige Mitreiterin Lady Edith Foxwell

Amerika

Kulturen sterben nicht, sie wandern. Babylon ging in Griechenland auf, Griechenland in Rom, Rom in den Weltreichen Spaniens, Frankreichs und Englands. Immer weiter zog die Hochkultur, dem Lauf der Sonne folgend. Je weiter sie kam, desto machtvoller, reicher und wissender wurde sie. Sie sprang über den Ozean und eroberte auch die neue Welt von Ost nach West. „Go west, young man, and grow up with the country", rief Horace Greeley (1811–1872). Rassen mischten sich, heilige Orte der Ureinwohner blieben in Nord- und Lateinamerika erhalten.

Vollmond leuchtet über einem Baumwollfeld mit der Baptisten-Kirche Forrest Dale

Mississippi-Delta

Die Spanier nannten ihn „Rio Grande", die Indianer „Vater der Wasser" und die Sklaven „Old Al": der Mississippi. In seinem hundert Kilometer breiten Delta errichteten Besitzer von Baumwollplantagen für ihre Leibeigenen einst Holzkirchen. Noch heute werden in ihnen die alten Gospels gesungen.

YAMAHA

Yolanda Tate, die Frau des Pastors Darnell Tate, spielt Gospel auf einer Yamaha-Orgel während des Gottesdienstes in der Kirche Free Grace. Neben ihr sitzt im weißen Sonntagskleid die kleine Vanquila

Edna Carpenter hält in ihren Händen ein Foto, das die Taufe ihrer Tochter Christine 1962 in einem Nebenarm des Mississippi zeigt. So wurde damals das christliche Sakrament gegeben. So wird noch heute ein Täufling Mitglied der Baptisten

An der Kreuzung von White Oak und Tunica Road wirft eine Straßenlaterne kaltes Licht auf die windschiefe Kirche Free Grace M.B.C. (Missionary Baptist Church). Ihre Farbe blättert ab, ihr Dach ist geflickt

Die Sonne geht über einem Baumwollfeld in Tunica County auf

Rot glüht der Himmel über Mississippi

Der Mississippi entspringt unterhalb der Grenze zu Kanada im Lake Itaka und mündet Tausende von Kilometern entfernt im Golf von Mexico. Der Strom durchquert die Vereinigten Staaten von Nord nach Süd. An seinen Ufern liegen zehn Bundesstaaten, liegt Geschichte von drei Rassen, von rot, weiß und schwarz.

Einer der Staaten, der an den Fluss grenzt, trägt seinen Namen. Es ist der am dünnsten besiedelte Staat des tiefen Südens. Einst war dieses Gebiet Wiege einer indianischen Kultur, die vornehmlich auf dem Anbau von Mais basierte. Lange bevor der weiße Mann das Land betrat, erreichte sie vermutlich im 13. Jahrhundert ihren Höhepunkt.

So genannte Mounds, künstlich aufgeschüttete Erdhügel, die als eine Art Vorläufer von Pyramiden entweder Sakralbauten trugen oder Schauplatz kultischer Handlungen waren, zeugen noch heute von dieser Zivilisation. Später lebten Völker wie die Choctaw, Chickasaw oder Natchez in der Region.

Nach Gründung der Vereinigten Staaten wurden die Stämme durch den „Indian Removal Act" gezwungen, in das weiter östlich gelegene Oklahoma auszuweichen, und Mississippi trat 1817 als 20. Staat der Union bei.

Eine bis heute nicht wiedergekehrte Zeit wirtschaftlicher Büte begann. Endlos dehnten sich im südlich von Tennessee beginnenden Mississippi-Delta an den Gestaden des Stromes die wohlbestellten Felder von Plantagen. Baumwolle war der Reichtum des alten Südens. Sie machte 60 Prozent des gesamten Exports der USA aus. Cotton was King. Und es waren Schwarze, die das weiße Gold pflanzten und ernteten.

Schon im 16. Jahrhundert hatte der Import afrikanischer Zwangsarbeiter in die spanischen und portugiesischen, britischen und französischen Kolonien Amerikas begonnen. Mitte des 19. Jahrhunderts gab es etwa vier Millionen Sklaven in den USA.

In den 15 südlichen Unions-Staaten, in denen Sklaverei erlaubt war, galt der Besitz von Leibeigenen als Statussymbol, als Gradmesser des Wohlstandes. Von den etwa acht Millionen Weißen, die um 1850 dort lebten, konnten sich keine 500000 diesen Luxus leisten, keine 50000 besaßen mehr als 20 Sklaven, keine 5000 mehr als 100.

General George Washington, Feldherr der amerikanischen Revolution und erster US-Präsident, war einer von ihnen gewesen. Am 18. Februar 1786 trug er auf seiner Plantage Mount Vernon in sein Tagebuch ein: „Machte eine Liste aller meiner Neger… Insgesamt 216."

Keine hundert Jahre später war es der 16. Präsident der Vereinigten Staaten, Abraham Lincoln, der im amerikanischen Bürgerkrieg durch den Sieg der Nordstaaten die Sklaven im Süden endgültig befreite. Die Einheit der Union, die über die Sklavenfrage in Gefahr geraten war, drohte nun nie wieder zu zerbrechen. Doch die Wirtschaftsstruktur des Südens war nachhaltig beschädigt.

Musik und Religion waren es gewesen, die das Los der Sklaven auf den Plantagen im Mississippi-Delta gemildert hatten. Und noch heute dringt aus den schmucklosen Kirchen, die ihnen damals gebaut wurden, der Gesang, der ihren Seelen einst Trost gab.

In einem Bibel-Belt, der sich von North Carolina am Atlantischen Ozean bis Oklahoma hinzieht, bestimmte fundamentalistisches Gedankengut, vor allem von Baptisten, das religiöse Leben. Die Kirchengemeinde war wichtiger als ein Priester, das Wort der Heiligen Schrift wichtiger als jede Liturgie.

Auch die Sklaven im Mississippi-Delta nahmen diesen Glauben an. Ihre weißen Herren ließen ihnen auf jeder größeren Plantage eigene Gotteshäuser errichten, allerdings wohl nicht nur aus Sorge um das Seelenheil ihrer Leibeigenen, sondern auch, weil ihnen daran gelegen war, dass Sklaven einer Plantage nicht in gemeinsamen Gottesdiensten mit Sklaven anderer Plantagen zusammentrafen. Aufsässigkeit hätte möglicherweise leicht die Folge sein können.

Baumwolle war das weiße Gold des alten Südens

„Man hörte im Sklavenquartier mehr Gesang als sonst. Er klang kühner und dauerte bis in die Nacht hinein. Fast alle Lieder handelten von der Freiheit“

Booker T. Washington über das Ende des Bürgerkrieges in Mississippi

Wie tagsüber auf den Baumwollfeldern, wie abends in den Unterkünften, so wurde auch in den Gotteshäusern Gesang zum elementaren Bestandteil des gemeinsamen Schicksals der Sklaven. Ihre Field-Hollers, die Lieder bei der Arbeit, und ihre geistlichen Lieder in der Kirche kündeten von ihrem Leid, ihren Erwartungen oder ihren Hoffnungen auf die Freiheit und das Paradies.

Mit Spirituals wie „Go down Moses“ stiegen die Gebete himmelwärts. Der Gospel („Evangelium“) war dann die gesungene Botschaft des Erlösers. Oft entwickelte er sich zum Wechselgesang zwischen Chor, Prediger und Gemeinde.

Was im Vertrauen der Sklaven in Gott wurzelte, wurde nach der Befreiung Ausdruck musikalischer Lebensfreude der aufsteigenden Weltmacht. Blues und Soul, Jazz und Country-Musik hatten Wurzeln im Gospel-Gesang, in den Spirituals und Field-Hollers. Auch die große Aretha Franklin hatte einst im Kirchenchor gesungen. Und in „Sister Act“ begeisterten Whoopi Goldbergs hüftschwingende Nonnen den Bischof und die Nation.

„Ohne die Negerkunst“, meinte der spanische Dichter Federico García Lorca (1898 bis 1936), „bleibt den Vereinigten Staaten nur noch Mechanik und Automatismus.“

1
8½
9
9

CANTERBURY

Im Süden New Hampshires, versteckt zwischen Hügeln, Wäldern und Wiesen liegt das Dorf Canterbury. Es war eine der Siedlungen, in denen nur die Anhänger eines seltsamen Glaubens leben durften. Gleichheit und Besitzlosigkeit, Zölibat und Arbeit waren die Grundregeln ihrer Gemeinschaft. Rhythmisches Singen, Stampfen und Tanzen in ihren Gottesdiensten, wo sie ihre Körper in eigentümlichen Bewegungen „schüttelten", gaben ihnen ihren Namen: „Shaker".

Je effizienter die Shaker arbeiteten, desto näher waren sie Gott. In der Wäscherei des Dorfes wurden Socken zum Trocknen auf hölzerne Halter aufgezogen

Männer und Frauen mussten separate Treppen benutzen

14
13
13
37
11
38
15
39
16
40
17
41
18
42

Jedes Haus und jedes Zimmer im Dorf hatte einen Buchstaben, jeder Schrank und jede Schublade eine Nummer. Jeder Shaker sollte ohne nachzudenken wissen, wo etwas war und wohin etwas gehörte. „Jedes Ding hat einen Platz und ist an seinem Platz", war die Order in der Kommune

Ahornbäume spendeten den Shakern Zucker und Sirup. Die vorhanglosen Fenster der Gebäude hatten am Tage eine doppelte Funktion: Sie ließen Licht herein und sperrten die Privatsphäre aus – alle sollten alles sehen

Die Besatzung des alterschwachen Seglers „Mariah“ verfluchte auf der Überfahrt von England nach New York im Jahre 1774 jene acht Passagiere, die Tag und Nacht sangen und stampften, um Gott zu ehren. Die Anführerin der Gruppe war die 38-jährige Quäkerin Ann Lee, Tochter eines Schmieds aus Manchester. Mit sieben ihrer Anhänger befand sie sich auf der Flucht vor Verfolgung. In der Heimat hatte sie das Missfallen der etablierten Kirche erregt. „Mother Ann“, wie ihre Glaubensgemeinschaft sie nannte, rüttelte an den Grundfesten der Amtskirche: Teilung allen Besitzes, Pazifismus, die Gleichheit von Mann und Frau verbunden mit einem Zölibat und beständiges Arbeiten waren die Grundsätze ihres Glaubens.

Angekommen in der neuen Welt, zogen die acht durch das Tal des Hudson Rivers nach Norden und verkündeten ihre Botschaft. Oft wurden sie angegriffen, zusammengeschlagen und gedemütigt. 1776 gründeten sie in der Wildnis von Niskeyuna bei Albany ihre erste Siedlung. Von dort aus zog „Mother Ann“ missionierend durch die Staaten Neu-Englands, ihre Anhängerschaft wuchs. Am 8. September 1784 starb sie entkräftet durch die Mühen, Schläge und Entbehrungen. Aber ihre Arbeit war getan. Nur zehn Jahre nach ihrer Ankunft in Amerika war eine neue Kirche gegründet, die „Vereinigte Gesellschaft der Gläubigen“, bekannt unter dem Namen „Shakers“.

„Hands to work, hearts to God“, hatte „Mother Ann“ bis zu ihrem Tode gepredigt. Diese Worte waren das Fundament, auf dem alle Siedlungen der Sekte bauen sollten. In den kommenden Jahren entstanden vor allem im Nordosten Amerikas insgesamt 25 Shaker-Dörfer mit jeweils 100 bis zu 600 gläubigen Einwohnern.

Das Ziel der Shaker war, in dieser Welt zu leben, aber nicht Teil von ihr zu sein. Jeder Einzelne sollte befreit werden von allen weltlichen Sorgen und der Qual, täglich Entscheidungen treffen zu müssen. Je weniger ein Shaker darüber nachdenken musste, wann aufzustehen, was anzuziehen, wie sich zu benehmen, was zu essen und welche Arbeit wie zu verrichten, desto produktiver und spiritueller konnte er wirken. Jeder arbeitete nur für das Kollektiv und wurde dafür rundum versorgt.

So wurde der gesamte Plan eines Dorfes, von der Architektur bis zu den Möbeln, von der Kleidung bis zur Freizeit organisiert und vorgeschrieben, damit sich die Anhänger auf das Wesentliche konzentrieren konnten: Arbeit und Andacht.

1792 hörte Benjamin Whitcher, ein Bauer von Canterbury, die Lehre der Shaker und konvertierte. Er lud andere Gläubige der Gegend ein, mit ihm auf seiner Farm eine Gemeinschaft nach den strengen Regeln der Sekte zu gründen. Aus seinem Hof wurde ein Dorf mit 100 Gebäuden, von denen heute noch 24 stehen.

Das Zusammenleben in Canterbury wie in allen anderen Siedlungen der Shaker war streng reglementiert. Die Gemeinschaft wurde in „Familien“ unterteilt, die verschiedene Aufgaben hatten. Frauen („Schwestern“) und Männer („Brüder“) waren getrennt, Sex und Heirat waren verboten. Gemeinsam benutzte Gebäude hatten für sie getrennte Türen und Treppen. Miteinander sprechen war untersagt, solange kein dritter Shaker dabei war. Kinder wurden nicht gezeugt, für Nachwuchs war dennoch gesorgt: Die Shaker nahmen Waisen auf, die sie in Liebe großzogen.

Ein rigoroser Tagesplan ließ ihnen wenig Freizeit. Ihre „Millenium-Gesetze“ von 1821 und 1825 verboten ihnen Haustiere und Novellen, Spielzeug für Kinder gab es nicht. Ihre Führer bewunderten die nimmermüden Bienen und Ameisen. Die frommen Arbeiter

Zentrum des Dorfes war das gemeinsame Schlafhaus mit dem Glockenturm. Alle Gebäude, die von Frauen benutzt wurden, lagen östlich davon, die der Männer im Westen

verließen ihre Kommunen nur, wenn es nötig war. Erst später, in den Jahren ihres Niedergangs, vergnügten sie sich auch an Dingen wie Picknick und Popcorn, Schlittenfahrt und Schneemann, Musizieren und Theater.

Ein typischer Tag begann im Sommer um 4.30 Uhr, im Winter um 5 Uhr mit dem Schlagen einer Glocke. Bis zu sechs Schwestern oder Brüder teilten sich je ein Schlafzimmer. Sie hatten eine Stunde Zeit, sich anzuziehen und die vorgeschriebenen Hausarbeiten zu machen, bevor die Glocke sie in den Essensraum bestellte. In vorgeschriebener Reihenfolge betraten sie diesen durch getrennte Türen, knieten nieder, um zu beten, frühstückten schweigend, beteten wieder und verließen still den Raum. Punkt 12 Uhr traf man sich zum Mittagessen und Gebet, um 18 Uhr zum Abendessen. Die übrige Zeit wurde gearbeitet. Die Abende wurden mit Gesang oder Gesprächen in Gruppen verbracht. Waren keine Gruppentreffen angesagt, konnte der Einzelne auch lesen oder schreiben, bis alle um 21.30 Uhr ins Bett gingen. Der Sabbat diente ausschließlich der Andacht.

Arbeit war ihnen nicht nur Pflicht, sondern ein religiöses Ritual, ein Geschenk Gottes. Durch ihr immerwährendes Streben nach Perfektion waren sie ihren Nachbarn, mit denen sie regen Handel trieben, wirtschaftlich meist überlegen. Fehlerhaftes Handwerk wurde nicht akzeptiert. Effizienz in der Alltagsarbeit war Trumpf, ständig bastelten sie an Verbesserungen, um Gottes Zeit noch sinnvoller zu nutzen. Sie erfanden unter anderem die Kreissäge und eine Garnwickelspinne mit Meterzähler, die erste industrielle Waschmaschine und eine Dreschmaschine. Ihre Holsteiner-Kühe gewannen Preise, in bunte Tütchen abgepackte und verschickte „Shaker-Samen“ wurden eines der ersten Markenprodukte der USA.

Ihre Medizin basierte auf spiritueller Heilung, kombiniert mit Kräutermitteln. Sie kommunizierten mit den Seelen im Jenseits. Das Sterben schreckte sie nicht. Die Wiederauferstehung lehnten sie ab, der Geist war unsterblich, der Tod nur ein Übergang in einen anderen Zustand, befreit vom sterblichen Fleisch. So trauerten sie wohl um den Verlust eines Freundes, freuten sich zugleich für diesen, da er nun in einer höheren Gemeinschaft lebte. Auf den Friedhöfen endete die Trennung von Männern und Frauen.

So viel Neues erregte Neugier. Weltverbesserer Friedrich Engels lobte die Shaker-Bewegung als „wichtiges utopisches sozialistisches Experiment“. Der lebensfrohe Charles Dickens hingegen urteilte nach einem Besuch, dies alles sei ziemlich „grimmig“.

Die Shaker wurden zur wohlhabendsten und bekanntesten religiösen Gemeinschaft der USA in ihrer Zeit. Sie waren Vorreiter der Veränderung und Modernisierung Amerikas, wie keine andere Bewegung beeinflussten sie Architektur und Design. Um 1850 gab es fast 6000 Shaker in den USA. Das war der Höhepunkt ihrer Sekte. Doch ihr Niedergang war besiegelt. Der Staat errichtete eigene Waisenhäuser, die Quelle des Shaker-Nachwuchses versiegte.

Während sich die Amerikaner der Industrialisierung und Landflucht hingaben, richtete die Glaubensgemeinschaft ihren Blick vermehrt nach innen, ihre Missionstätigkeit ließ nach, die Anhängerzahlen sanken rapide. Nur eine Hand voll der Dörfer erreichte das 20. Jahrhundert, 1960 waren noch zwei übrig: Canterbury und Sabbathday Lake. 1992 wurde Canterbury 200 Jahre alt. Ethel Hudson, die letzte Schwester Canterburys, starb im selben Jahr. Damit endete leise die Utopie der Ann Lee, womöglich hatte sie es geahnt: „Verrichte deine Arbeit als hättest du 1000 Jahre zu leben und als würdest du morgen schon sterben.“

SHIPROCK

Der Legende nach waren die Vorfahren der Navaho-Indianer einst auf aussichtsloser Flucht vor einem kriegerischen Stamm. In ihrer Not flehten die Medizinmänner den „Großen Geist" um Hilfe an. Da erhob sich der Boden unter ihren Füßen und formte einen riesigen Vogel. Er flog eine Nacht und einen Tag und landete schließlich im heutigen Nordwesten Neu-Mexikos. Der Vogel wurde zu Stein, die Indianer tauften ihn „Tse Bi dahi" („Fels mit Flügeln"), heute bekannt unter dem Namen Shiprock. Die Ureinwohner Nordamerikas achten alle Erscheinungsformen der Natur, Stätten besonderer Magie sind ihnen heilig. Der 560 Meter hohe Shiprock ist noch heute bevorzugte Kultstätte der Navahos

ANTHONY ISLAND

Anthony Island gehört zum Archipel „Queen Charlotte Islands“ vor der Westküste Kanadas. Der Regenwald steigt zum Ozean herab. Bäume sind bis zu 1000 Jahre alt. Tausende von Seevögeln nisten auf dem Eiland. Orcas und Seelöwen pflügen die Fluten, die es umspülen. Dort jagte und herrschte das stolze Volk der Haidas, bevor der weiße Mann das Land eroberte. Totempfähle legen noch heute Zeugnis von ihrer Geschichte und ihrem Glauben ab.

Am Ufer errichtete Totempfähle, deren Figuren auf das Meer hinausblicken, dienten dazu, Feinde zu warnen und Fremde willkommen zu heißen

Ausschnitt aus einem Totempfahl auf Anthony Island

Das Unterholz scheint aus dem Meer an Land gewandert zu sein: Wie eine Strömung Algen in der See, so hat der ewige Wind die Pflanzen verbogen

„Das Totem war insgesamt eine wahrhaft monströse Gestalt“ Capt. James Cook 1778

Seenebel zieht durch die Fjorde des Archipels. Das Leben der Haidas gründete sich auf den Reichtum der Wälder und des Meeres. Muscheln und Lachse gab es im Überfluss, die mächtigen Zedern lieferten das Holz für Hütten, Kanus und die Totempfähle

Die Seelöwen der Insel stehen heute unter Naturschutz. Ihre Schnauzen sind von Haidas wieder und wieder in Totempfähle geschnitzt worden

Der Nordwesten des amerikanischen Kontinents, ein 2000 Kilometer langer Küstenstrich von Oregon bis Alaska, war Heimat von über einem halben Dutzend Indianervölkern, die bei manchen Unterschieden eines gemeinsam hatten: Sie schnitzten Totempfähle.

Die Haidas waren der herausragende Stamm, ein mächtiges Volk, arbeitsam im Frieden, tapfer im Krieg. Im Kampf trugen sie furchterregende Masken und Helme aus Holz. Kehrten sie von einem Raubzug zurück, waren ihre Kanus voll mit Beute, Sklaven und abgeschnittenen Köpfen ihrer Feinde. Sie waren mittelgroß mit hellerer Haut und üppigerem Haupthaar als die meisten Indianer. Ein aus einer Zeder in einem Stück gefertigtes Haida-Kanu zu besitzen war bei den benachbarten Völkern schon vor Christi Geburt ein Statussymbol.

Heimat der Haidas war die südliche Hälfte der Prince-of-Wales-Insel von Alaska und vor allem ein etwa 150 Kilometer vor dem Festland liegendes Archipel. „Xaaydlaa Gwaayaay" nannten sie es: „Aus der Verborgenheit". Heute ist es kanadisch und heißt Queen Charlotte Islands. Es ist 250 Kilometer lang. Über 150 kleine Inseln gehören zu ihm. Anthony Island ist eine von ihnen.

Die Haidas lebten nicht in Wigwams wie Nomaden, sondern frühzeitig in Hütten aus Zedernholz. Sie teilten sich in zwei große Gruppen, die Adler und die Raben. Eine Heirat innerhalb einer Gruppe war als Inzest verboten. In der Mythologie der Haidas spielten Tiere eine überragende Rolle.

Bevor die Welt wurde, wie sie ist, gab es nach der Überlieferung der Haidas vier Reiche: das Reich des Himmels, dessen Herrscher der Adler war, das Reich der See, an dessen Spitze der Killerwal stand, das Reich des Landes unter dem Bären und das Reich der Toten. Den Wesen dieser Reiche war es möglich, beliebige Gestalt anzunehmen. Tiere konnten Menschen werden, indem sie den Pelz abwarfen, Menschen konnten Tiere ehelichen, Geister von einem Reich zum anderen wandern. Die Legenden der Haidas berichteten von dem jungen Krieger Nanasimget, dessen schöne Frau vom Killerwal entführt wurde, von dem Raben, der die Sonne stahl, um der Erde das Tageslicht zu bringen, und von der Haida-Frau, die in Gefangenschaft einem Bären zwei Junge schenkte.

Queen Charlotte Islands ist einer von zwei Flecken Westkanadas, die während der letzten Eiszeit nicht völlig von Gletschern bedeckt wurden. Die Evolution in Fauna und Flora wurde dadurch leicht verändert. Sieben der acht Säugetiere auf der Insel unterscheiden sich messbar von ihren Arten auf dem Festland. Der Schwarzbär hat mächtigere Kiefer und Zähne als anderswo.

Tiere, zu denen eine Haida-Sippe eine besondere Beziehung hatte, zierten deren Totempfähle, gleich Löwen oder Adlern in europäischen Wappen. Der Ausdruck Totempfahl ist dabei geeignet, in die Irre zu führen. Denn die Schnitzwerke wurden weder angebetet, noch waren sie Teil einer Götterverehrung. Sie dienten den unterschiedlichsten irdischen Zwecken. Totempfähle am Ufer waren Warnung für Feinde und Willkommen für Fremde. Sie konnten das Hausdach tragen oder den Hauseingang markieren. Sie wurden errichtet, um an den vorausgegangenen Hausbesitzer zu erinnern oder den gegenwärtigen Eigentümer zu identifizieren. Sie ließen an einer Grabstätte eines Toten gedenken. Mal waren sie nur hölzerne Visitenkarte, die über Herkunft und Familie, Rang und Reichtum Auskunft gab, mal erzählten sie ein Epos von Generationen.

Es ist nicht belegt, seit wann die Indianer Totempfähle schnitzen. Die erste Abbildung findet sich in dem dreibändigen Werk „A Voyage to the Pacific Ocean" des Entdeckers Capt. James Cook. Er hatte das Original 1778 im Haus eines Häuptlings in Yuquot am Nootka Sound gesehen. Die erste Zeichnung eines Totempfahls der Haidas veröffentlichte John Bartlett, nachdem er 1791 Queen Charlotte Islands besucht hatte. Die Haidas schnitzten mehr und kunstvollere Totempfähle als alle anderen Stämme.

In ihren Siedlungen standen bis zu 70 Pfähle. Der höchste bekannte Totempfahl in Alaska war 53 Meter lang. Der älteste bekannte Totempfahl stammt aus dem Jahr 1835. Die meisten Zedernpfähle vermodern jedoch nach etwa 80 Jahren. Der Welt größte Ansammlung von Totempfählen erhebt sich auf Queen Charlotte Islands in Moresby, wo mehrere Haida-Dörfer in Blüte standen.

Mit dem Vordringen des weißen Mannes begann der Niedergang der Haidas. Viele von ihnen starben an eingeschleppten Krankheiten, besonders an Pocken. Bis zu Beginn unseres Jahrhunderts hatten die Eindringlinge das stolze Volk nahezu ausgerottet. Einst lebten mehrere zehntausend Haidas im Nordwesten Amerikas. 1841 waren es 6600 auf Queen Charlotte Islands, 1915 nur noch 588. Die meisten Dörfer wurden verlassen. Dann setzte die Besinnung ein; indianische Kultur wurde geschützt. Die letzte Zählung ergab wieder über 1000 Haidas, darunter zahlreiche Totempfahl-Schnitzer. Ein echter Totempfahl von ihnen kostet heute Tausende von Dollar.

Tiere, Menschen und übernatürliche Wesen sind in die Totempfähle eingeschnitzt

„Aber das Absonderlichste von allen Gegenständen,
die sie zum Tausch brachten, waren menschliche Schädel und Hände,
die noch nicht ganz von Fleisch entblößt waren“

Capt. James Cook im Nootka-Sund 1778

Die 60 m lange „Wand der Schädel" zeigt aufgespießte Menschenköpfe

CHICHÉN ITZÁ

Die heilige Stadt Chichén Itzá im Norden der mexikanischen Halbinsel Yucatán wurde von friedliebenden Maya begründet und um 1000 n. Chr. von kriegerischen Tolteken besetzt. Die beiden Kulturen verschmolzen. Unter ihrem Herrscher und Gott Quetzalcóatl („Gefiederte Schlange") brachten die Tolteken Menschenopfer. Herzen wurden herausgerissen und noch schlagend den Göttern dargeboten.

Die Pyramide der „Gefiederten Schlange" war Quetzalcóatl geweiht. Sie steht auf einem quadratischen Sockel von 55,5 m Seitenlänge. Zweimal im Jahr werfen zwei Stunden vor Sonnenuntergang die Stufen das Schattenbild einer riesigen Schlange auf den Tempel

Nachts wird die Pyramide in den unterschiedlichsten Farben angestrahlt

„Ich habe nichts gesehen, was mein Herz je so erfreut hat wie diese Dinge, denn ich sah in ihnen fremdartige Kunstwerke von großer Schönheit“

ALBRECHT DÜRER (1471–1528) ÜBER DIE KUNST MITTELAMERIKAS

Die Maya-Kultur in Mittelamerika war von etwa 300 bis 900 n. Chr. eine der am höchsten entwickelten Zivilisationen der westlichen Hemisphäre. In Mathematik und Astronomie war sie Europa weit voraus. Die Maya hatten die Bahnen von Sonne, Mond und Venus genau berechnet, den Erdumfang auf vier Stellen nach dem Komma bestimmt und Zeitrechnungen angestellt, die bis in das Jahr 3113 v. Chr. zurückreichten.

Sie kannten das Rad (auch wenn sie es nicht zu Transportzwecken benutzten) und hatten sich im Gegensatz zu den Inka Hieroglyphen geschaffen (deren Entzifferung noch Jahrhunderte später nur bedingt gelungen war). Pyramiden und Paläste kündeten den Ruhm ihrer Kultur

Die Maya hielten die Erde, auf der sie lebten, für die letzte Schöpfung einer Reihe ähnlicher Kreationen, umgeben von 13 Himmeln und 9 Unterwelten. Im Pantheon ihrer Religion saßen Götter der Sonne, des Mondes, des Regens und des Maises. Priester stellten die herrschende Kaste.

Chichén Itzá war vermutlich gegen 500 n. Chr. als eine Art Vorposten des Maya-Reiches gegründet worden. Dessen Schwerpunkt lag damals weiter südlich im Landesinneren. Doch wenig später verließen die Maya aus bis heute ungeklärten Gründen ihre blühenden Städte wie Palenke oder Tikal. Ihre Zivilisation verkümmerte.

Chichén Itzá aber gedieh. In einer wasserarmen Region gelegen, hatte die Natur es mit zwei natürlichen Brunnen gesegnet. Der Kalkstein, der die Gegend bedeckt, war über unterirdischen Wasserläufen eingestürzt und hatte zwei Quellen freigelegt. Nach Ansicht der Encyclopædia Britannica erhielt der Ort durch sie seinen Namen. Chi bedeutete Mund, chen Quelle, und Itza war der örtliche Maya-Stamm. Chichén Itzá = „Mund der Quellen der Itza“.

Zusammen mit den ebenfalls auf Yucatán gelegenen Städten Uxmal und Mayapán formte Chichén Itzá nach dem Untergang des „Alten Imperiums“ der Maya ein „Neues Imperium“. Die Maya-Klassik wurde durch eine Maya-Renaissance abgelöst. Wissenschaft, Religion und Künste erstarkten noch einmal.

Um die Jahrtausendwende, als Streit unter den Maya-Städten auf Yucatán ausgebrochen war, eroberten kriegerische Tolteken (möglicherweise zusammen mit Azteken) die Stadt der Friedfertigen.

Die Tolteken herrschten zu jener Zeit im heutigen mexikanischen Hochland. Ihre Hauptstadt war Tula. Ihr Herrscher Topíltzin hatte ihnen als Gott Quetzalcóatl („Gefiederte Schlange“) verordnet, dessen Namen er der Einfachheit halber auch gleich selbst annahm.

Mit der Einnahme Chichén Itzás durch die Tolteken wurde auch die Verehrung Quetzalcóatls übernommen. Der Gott wurde als Schlange dargestellt, deren Leib mit den Schwanzfedern des Quetzalvogels geschmückt war. In Chichén Itzá hieß er „Kukulcán“. Ihm wurden Menschenopfer gebracht, Bucklige und Krüppel, aber auch junge Mädchen, die als Boten zur Götterwelt dienen sollten. Opferstätte waren oft die beiden heiligen Brunnen (Cenotes), nach denen die Stadt hieß und deren Wasser – vom Samen einer Algenart – rötlich schimmerte. Sie wurden Wallfahrtsort.

Die beiden Kulturen der Maya und Tolteken verschmolzen und schenkten Chichén Itzá neuen Reichtum. Die Kukulcán-Pyramide wuchs in den Himmel. Der größte Ballspielplatz Mittelamerikas entstand. Der Caracol („Schnecke“) wurde gebaut, ein Observatorium mit gewölbter Kuppel. Tausend Säulen begrenzten einen mehr als zwei Hektar großen Platz mit Tempeln, Theatern und Terrassen.

Chichén Itzá war das Mekka der untergehenden Maya-Welt. Erst Mitte des 15. Jahrhunderts verlor es endgültig an Bedeutung, die Abwanderung begann. Aber noch heute spürt der Besucher die Heiligkeit, die diesen Fleck umgab. Stammesreligionen, so hat es einmal der Theologe Hans Küng formuliert, seien gleichsam der „Wurzelboden“ für alle Weltreligionen. Der Boden von Chichén Itzá war einer der fruchtbarsten.

Jede der vier Treppen an der Pyramide der „Gefiederten Schlange“ hat 91 Stufen, insgesamt 364 Stufen. Einschließlich der oberen Plattform sind es 365 Stufen – die Anzahl der Tage des Sonnenjahres

Die Form der heiligen Felsplatte gleicht dem Berg Yanatin im Hintergrund

Machu Picchu

Im 16. Jahrhundert eroberten die Spanier das Reich der Inka in den Anden. Doch die Eindringlinge fanden nie Machu Picchu, die geheimnisumwitterte Tempelfeste in Peru. Dort beteten die Inka den Sonnengott an, brachten Opfer, beobachteten die Gestirne und befragten die himmlischen Mächte. Die verlassene Zitadelle wurde erst 1911 entdeckt.

Auf dem Schlangenstein von Machu Picchu, auf dem die Inka einst Opfer brachten, legen heute Anhänger des alten Glaubens Früchte und wilde Blumen ab

Der Mond hat Machu Picchu in fahles Licht getaucht. Über den Ruinen ziehen Sterne ihre Bahn am Firmament. Die Kultstätte in 2300 Meter Höhe ist an drei Seiten von einer Hunderte von Metern tiefen Schlucht umgeben, durch die der Urubamba dem Amazonas entgegenströmt

**Mauern ohne Mörtel.
Eine Wand vom „Haus der Jungfrauen der Sonne"**

„Die alten Peruaner begriffen, dass die Seele des Menschen mehr Raum braucht als sein Körper"

Fernando Belaúnde Terry, Perus Staatspräsident

Kein anderes Volk der Erde hat in einer so kurzen Zeit ein so mächtiges Reich errichtet wie die Inka. Kein anderes Reich ist in einer noch kürzeren Zeit von einem so schwachen Feind besiegt worden wie sie. Erst gegen 1200 n. Chr., in der Hochzeit des Mittelalters, taucht der kleine Anden-Stamm in der Geschichte auf. Sein Herrschaftsgebiet reichte nur ein paar Kilometer weit.

Als erster Inka und Gründer ihrer Hauptstadt Cuzco gilt die mythologische Figur des Manco Capa. Ihm folgten bis zum Ende des Reiches ein Dutzend weitere Kaiser. Acht hinterließen keine tiefe Spur in der Historie. Aber mit dem neunten Kaiser Pachacutec Inka Yupanqui begann ein beispielloser Aufstieg. Pachacutec und sein Sohn Tupac Inka Yupanqui werden von der Britischen Enzyklopädie mit Philip von Mazedonien und seinem Sohn Alexander dem Großen verglichen. In ihrer Regierungszeit von 1438 bis 1493 errichteten sie ein Imperium von mehr als 4000 Kilometer Länge, das größer war als Frankreich, Deutschland und Dänemark zusammen. Unter ihrer Herrschaft wurde auch die Tempelfeste Machu Picchu erbaut.

Das Inka-Reich war ein Wohlfahrtsstaat mit Steuer und Militärdienst, in dem jeder Familie jährlich entsprechend ihrer Kopfzahl ein Stück Land zugewiesen wurde. Die Hauptstadt Cuzco war in Gestalt eines Pumas angelegt. Von ihr führten in alle Teile des Landes Straßen, über die Staffettenläufer Botschaften bis in die entlegensten Winkel trugen. An den Nachschubwegen der Armee standen Nahrungsspeicher und Waffenarsenale. Besiegte Stämme wurden fürsorglich in die Gemeinschaft aufgenommen.

Der Kaiser, der Inka, galt als Abkömmling der Sonne. Er war Gott, sein Wort Gesetz. Aber keiner der Inka wurde je Tyrann. Oft heiratete er seine Schwester. Schöne Mädchen wurden in ihrer Jugend auserwählt und in Cuzco als Konkubinen für den Kaiser und Noble seines Reiches ausgebildet – als „Jungfrauen der Sonne".

Im Zentrum der Religion stand die Sonne. Die weitaus meisten Tempel und Hunderte heiliger Stätten (huacas) waren ihr geweiht. Dem Schöpfungsgott Viracocha wurde weniger Aufmerksamkeit geschenkt. Wichtig in der Kosmologie der Inka war auch die Milchstraße, die genau über Cuzco verlief. Im Zentrum der Stadt lagen die Plätze Huacapata und Cusipazta, von denen aus der Inka auf seinem Thron religiöse Zeremonien leitete.

Sakrale Feste fanden monatlich statt und dauerten oft Tage. Priester befragten Orakel, sagten wahr, nahmen Beichten ab und brachten Opfer da. Meist wurden Lamas geopfert, zuweilen auch Menschen.

1532, sieben Jahre nach dem Tod des 11. Inka Huayna Capac, kämpften seine beiden Söhne um den Thron. Der jüngere Atahualpa hatte den älteren Huascar gefangen gesetzt. Da marschierte der spanische Konquistador Francisco Pizarro mit 180 Mann in Cuzco ein. Arglos nahmen ihn die Inka als Gast auf. Pizarro wartete, bis Atahualpa seinen Bruder hinrichten ließ. Dann befahl er, auch Atahualpa zu töten. Schneller noch, als es erblüht war, zerfiel das Reich der Inka.

Die Tempelfeste Machu Picchu wurde von den spanischen Eroberern nie entdeckt, sondern erst 1911 von dem Yale-Professor Hiram Bingham.

Moai am Vulkan Rano Raraku, aus dessen Stein sie gehauen wurden

OSTERINSEL

Am Ostersonntag 1722 entdeckte eine niederländische Expedition unter Jacob Roggeveen eine einsame Insel im Südpazifik, die seither Osterinsel heißt. Auf ihr erheben sich, was sonst nirgendwo auf der Welt zu finden ist: über 600 monumentale Figuren aus Vulkangestein, bis zu zwölf Meter hoch und über 50 Tonnen schwer. Diese Moai symbolisieren vergöttlichte Vorfahren der polynesischen Ureinwohner. In den Steinriesen wohnten die Geister der Ahnen.

Lange Nasen und lange Ohren sind fast allen Steinbüsten eigen. Tief liegende Augen aus roter Lava und weißer Koralle wurden erst eingesetzt, wenn die Figuren ihren endgültigen Standort erreicht hatten

Winzig erscheint die Gestalt der Frau im roten Kleid vor den 15 Giganten des Ahu Tongariki, der größten Religionsstätte Polynesiens. Wie alle anderen Figuren auf der Insel kehren die Riesen dem Meer ihren Rücken zu. Bis heute ist es ein Rätsel, wie den Statuen beim Aufrichten tonnenschwere Haarknoten aus Stein aufgesetzt wurden, von denen allerdings nur noch wenige erhalten sind – wie auf der zweiten Figur von rechts

Die Insulaner glauben, die Steinriesen begaben sich durch Zauberkraft an ihre Standorte

Relief des Vogelmannes an den Klippen von Orongo. In einem Wettkampf wurde jährlich ein Jüngling zum Vogelmann bestimmt, der dann Stellvertreter des Gottes Makemake auf Erden war

Die Insel entstand vor etwa einer halben Million Jahren durch den Zusammenschluss der Lava von drei Vulkanen, die heute noch die Eckpunkte des Eilands bilden. Die nächste bewohnte Insel ist 1800 Kilometer entfernt, das chilenische Festland etwa 3700 Kilometer. Der winzige Punkt im unendlichen Pazifik, von den Polynesiern Rapa Nui genannt, ist 24 Kilometer lang, seine größte Breite beträgt rund zwölf Kilometer. Flora und Fauna sind karg. Um die Jahrtausendwende wohnten hier rund 3000 Menschen.

Die ersten Einwohner landeten vermutlich im 5. Jahrhundert n. Chr. auf Rapa Nui. Ihre Herkunft ist ungewiss. Mündliche Überlieferungen beginnen erst mit der Eroberung der Insel durch den Polynesier-König Hotu Matura und seinen Stamm im 14. Jahrhundert. Er verfügte angeblich über göttliche Macht (mana) und teilte die Insel unter seinen sechs Söhnen in sechs Bezirke auf.

Zu seiner Zeit standen bereits die ersten steinernen Statuen (Moai) auf der Insel. Sie wurden alle in dem Steinbruch am Vulkan Rano Raraku aus dem weichen Gestein gemeißelt und von dort an Seilen zu befestigten Steinaltären (Ahus) gezogen oder über Baumstämme gerollt. Sie waren heilig. In ihnen wohnten die Geister der Ahnen (Aku Aku). Viele halb fertige Riesen liegen noch heute am Steinbruch.

Die klassische Periode der Osterinsel dauerte bis ins 17. Jahrhundert. In dieser Zeit entstand auch die Hieroglyphenschrift Rongorongo, die nie entziffert wurde. Sie bestand aus etwa 120 Grundformen, die auf Holztafeln eingeritzt worden waren und eine Art Übergang zwischen Bilder- und Lautschrift bildeten. Die meisten Holztafeln wurden zerstört oder zerfielen, 21 befinden sich noch in Museen in aller Welt.

Das dritte Geheimnis der Osterinseln war der Kult des Vogelmannes Tangata Manu. Er war dem Schöpfergott Makemake gewidmet und löste die jahrhundertealten Ahnenverehrung ab. Am steil abfallenden Kraterrand des Rano Kau war seit 1400 auf einer Plattform ein Dorf mit 85 Höhlensteinhäusern entstanden. Junge Athleten mussten als Vertreter ihrer Häuptlinge 410 Meter tief zum Meer hinunterklettern und durch Klippen, Brandung und Haifische zu der zwei Kilometer entfernten Insel Motu Nui schwimmen. Dort brütete die Rußseeschwalbe, die als Verkörperung des Gottes Makemake galt. Wer als Erster ein Schwalbenei zurückbrachte, wurde für ein Jahr als Vogelmann und Stellvertreter des Gottes Makemake auf Erden verehrt – bis zum nächsten Wettkampf.

Zu jener Zeit tobten bereits erbitterte Kämpfe zwischen den beiden Bevölkerungsgruppen der Langohren (Hanau Eepe) und Kurzohren (Hanau Mimoko). Die Langohren, die ihre Ohrläppchen durch eingesetzte Holzpflöcke künstlich verlängerten, hatten offenbar die Oberschicht der Insel gebildet, während die Kurzohren als Arbeiterschicht die Monumentalstatuen aus dem Gestein schlagen mussten. Bei ihrem Aufstand stürzten sie zahlreiche Standbilder um, um die Geister der Langohren-Ahnen zu vertreiben. Nicht selten wurde der erschlagene Feind gegessen. Der letzte Fall von Kannibalismus wurde um 1890 beobachtet.

Mit der Entdeckung der Osterinsel durch den weißen Mann verlor das Eiland seine Stammeskultur. Sklavenhändler raubten Männer und Frauen, Seuchen dezimierten die Bevölkerung, christliche Missionare vernichteten Zeugnisse heidnischer Tradition. 1888 annektierte Chile das Eiland. Aber die religiösen Rätsel überlebten. Und über Geister macht man auf der Osterinsel noch heute keine Witze.

Asien

Buddha, Konfuzius, Lao-tse – die drei großen Religionsstifter des Fernen Ostens überlieferten Weisheit. „Niemals in der Welt hört Hass durch Hass auf. Hass hört durch Liebe auf", lehrte Buddha. „Soll man nicht mühen den, den man liebt? Soll man nicht mahnen den, dem man treu ist?", fragte Konfuzius. „Der Saal, mit Gold und Jade vollgestopft, ist nicht vor Räubern zu bewahren", wusste Lao-tse. In keinem anderen Erdteil sind Religion und Philosophie eine so enge Bindung eingegangen. Wo Gott wohnt, wohnt in Asien irdische Erfahrung oft nebenan…

Fünf Kilometer lang ist die heilige Strecke am Westufer des Flusses

VARANASI

Am Ufer des Ganges liegt die Stadt Varanasi, auch Benares oder Kashi genannt. Sie ist der heiligste Ort aller Hindus und Shiva geweiht, dem Gott der Fruchtbarkeit und Zerstörung, der Leben gibt und Leben nimmt. Millionen Hindus sind schon nach Varanasi gepilgert, um dort zu baden, zu beten und zu sterben, ihre Seele zu reinigen oder die Asche toter Verwandter in den heiligen Fluss zu streuen.

Schalen mit Lichtern und Rosenblütenblättern werden von Pilgern auf dem Ganges ausgesetzt, die Götter zu ehren und freundlich zu stimmen

Frauen baden meistens bei Sonnenaufgang im heiligen Fluss. Sie waschen ihre Wäsche in ihm und sich selbst alle Sünden von der Seele. Viele übergeben die Asche von Toten den Fluten oder nehmen Wasser in Flaschen mit heim

Die Köpfe eines Priesters (links) und der Witwe (beim Wäschelegen) sind beide geschoren. So verlangt es die Religion

„Ghats" heißen 20 Plätze, von denen aus für alle Kasten Stufen zum heiligen Fluss hinabführen. Shivas Stadt lebt auch bei Nacht. Die ersten der 2000 Tempel öffnen um 4 Uhr morgens

„Gibt es nicht viele heilige Orte auf Erden? Und doch, welcher könnte einem Staubkorn von Kashi gleichkommen?“

Aus dem „Kashi Khand“

Obwohl Kashi sich auf Erden befände“, so sagte – nach der Legende – Parvati, die Gemahlin Shivas, „ist es keine irdische Stadt.“ Und in seinem „Reisetagebuch eines Philosophen“ notierte Hermann Graf Keyserling über Varanasi: „Die Stimmung der Frömmigkeit, die am Fluss herrscht, ist in ihrer Kraft unglaublich, eigenartiger, als ich sie jemals in einer Kirche erlebt hätte.“

Fünf Kilometer ist die heilige Strecke lang, an der männliche und weibliche Pilger rituelle Bäder nehmen, heiliges Wasser in Flaschen füllen oder die Asche von Toten den Fluten übergeben. Denn auf Grund ihrer hohen Heiligkeit gelten Stadt und Fluss als „Mokshadvaras“ (Türen zur Befreiung). Für Hindus gibt es keine heiligere Stadt auf Erden.

Der Hinduismus ist eine der ältesten, größten und vielschichtigsten Religionen der Welt, mit zahlreichen Göttern und noch mehr Sekten. Seine Ursprünge reichen 5000 Jahre zurück. Seine heilige Schrift sind die Veden, seine klassische Sprache ist Sanskrit.

Wie andere prägende Weltanschauungen sucht der Hinduismus Antworten auf die Fragen: Woher kommen wir, wohin gehen wir, was ist unsere Bestimmung, wie können wir Erlösung erlangen?

Eckpfeiler ist ihm dabei der Glaube an eine Seelenwanderung, an den Kreislauf von Tod und Wiedergeburt bis zur endgültigen Befreiung durch das Erlöschen des Daseinsdrangs. Wie lang dieser Weg des Einzelnen ist, hängt von seinen Handlungen während seiner verschiedenen Leben auf Erden ab.

Struktur der Hindu-Gesellschaft ist ein Kastensystem. Diese Einteilung der Gesellschaft geht nach der Überlieferung auf das Ur-Opfer des kosmischen Menschen bei der Erschaffung der Welt zurück:

Aus seinem Mund trat die höchste Klasse, die Priester (Brahmanen). Aus seinen Armen entstanden Krieger und Adel (Kschatriyas). Aus seinen Oberschenkeln wurden Kaufleute und Bauern (Vaischyas). Die Füße schließlich wandelten sich in Diener und Sklaven (Sudras). Dazu gesellten sich die unberührbaren Parias. Aus diesen Klassen entwickelten sich im Lauf der Zeit Hunderte von Kasten und Unterkasten.

Trifft ein Hindu, gleich welcher Kaste, eine Kuh, so sucht er oft sie an Schenkel oder Stirn zu berühren. Denn die Tiere sind heilig, weil sie wie Mutter Erde selbst Nahrung, Dünger und Brennstoff liefern. Die fünf Produkte der Kuh – Milch, Butter, Quark, Urin und Dung – werden darum bei religiösen Ritualen verwendet.

Aufgrund ihrer Religiosität, ihrer Tugenden und ihrer Befähigung als Lehrer werden sechs verschiedene Arten von lebenden Hindus als Heilige verehrt: Yogi (Yoga-Übender), Guru (spiritueller Lehrer), Sant (Mystiker), Rishi (Seher), Sadhu (weiser Bettler) und Swami (Asket).

Askese und Sinnenfreude liegen im Hinduismus enger beieinander als in jeder anderen Religion. Sinnbild ist der mächtige Gott Shiva, der gern meditierend mit einem erigierten Glied dargestellt wird. In Shivas Stadt Varanasi sind nach dem heiligen Buch des heiligen Ortes, nach dem „Kashi Khand“, nicht weniger als 100 000 Phallussymbole (Lingam) zu finden.

Saris trocknen in der Sonne, ein Mann trägt Wasser des heiligen Flusses nach Haus. Am Fuß der Treppe ist getrockneter Kuhmist gestapelt. Er wird zum Heizen verwandt. Kühe sind Hindus heilig, weil sie wie Mutter Erde selbst Nahrung, Dünger und Brennstoff liefern

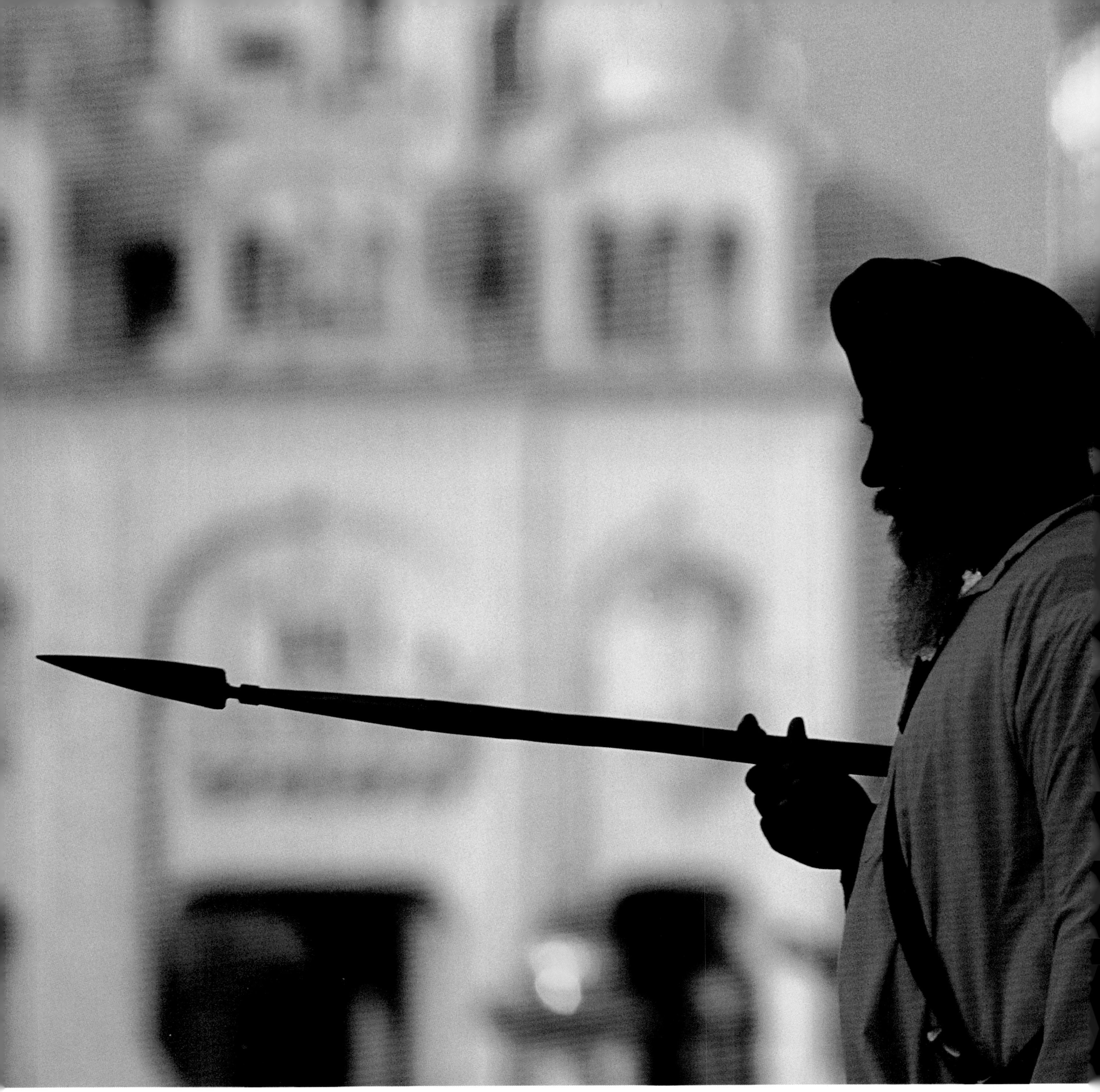

Die Wächter des Tempels sind mit Speeren bewaffnet. Sikhs tragen als Zeichen der Gleichheit Turban, Bart und den Namenszusatz „Singh", Löwe

AMRITSAR

In Amritsar, der größten Stadt im Pandschab, liegt der Goldene Tempel, höchstes Heiligtum der Sikhs. Das Band, das alle Sikhs eint, ist die gemeinsame Religion. Sie kennt keine Kasten und unterscheidet sich vom Hinduismus so stark wie das Luthertum von der Kirche in Rom.

HOTEL SITA

Im Wasser eines künstlichen Sees, das heilende Kräfte besitzen soll, spiegelt sich Hari Mandir, der vergoldete Tempel der Sikhs

625165
ਸਾਹਿਬ

Vor dem Tempelbesuch kaufen Sikhs in Blätter gewickelte Speisen, um sie als Almosen zu stiften

Am Fuß eines heiligen Baumes auf der Ostseite des Sees werden Blüten und Getreide abgelegt

„Habe Gott im Herzen, lebe von ehrlicher Arbeit, teile die Früchte deiner Arbeit“

Die drei Befehle von Nanak, der erste Guru der Sikhs

In die Bodenplatten rings um den See meißeln Steinmetze Worte und Taten der Sikh-Geschichte

Peter Ustinov wartete in ihrem Büro auf ein Interview. Unterwegs dorthin wurde Indiens 67-jährige Premierministerin Indira Gandhi am letzten Oktobertag des Jahres 1984 im Garten ihrer Residenz von zwei Angehörigen ihrer Sikh-Leibwache erschossen. Vier Monate zuvor hatte sie das Heiligtum der Sikhs, den Goldenen Tempel Hari Mandir in Amritsar, stürmen lassen, in dem sich militante Sikh-Rebellen verschanzt hatten, die einen eigenen Staat forderten. 1200 Sikhs waren dabei ums Leben gekommen. Diesen – wie sie es nannten – „Frevel" hatten die beiden Sikh-Leibwächter mit 22 Schüssen gerächt.

Amritsar ist die größte Stadt des Pandschabs, der Kornkammer Indiens. Sie liegt im Nordwestzipfel des Landes, über 350 Kilometer von Neu-Delhi und keine 30 Kilometer von der Grenze zu Pakistan entfernt. Dort erhebt sich der Goldene Tempel inmitten eines künstlichen Sees, dessen Wasser heilende Wirkung besitzen soll. Das fast quadratische Bassin (mit einer Seitenlänge von ungefähr 130 Metern) ist von einem Marmorgang umsäumt.

Vom Westufer aus, wo das zweitheiligste Gebäude der Sikhs, das Akal Takhat, steht, führt ein etwa 50 Meter langer Marmorsteg zum Goldenen Tempel. Über ihn wird jeden Morgen das heilige Buch der Sikhs, Guru Granth, vom Akal Takhat in den Tempel getragen und abends zurück.

Es gab um die Jahrtausendwende etwa 20 Millionen Sikhs auf Erden, die meisten leben im Pandschab. Sie sind ein fleißiges und stolzes, tüchtiges und tapferes Volk. Ihr Einkommen ist größer als das Durchschnittseinkommen, ihr Anteil an den Streitkräften ist weitaus höher als ihr Anteil an der Bevölkerung. Als äußeres Erkennungszeichen tragen sie einen Turban. Sogar in der indischen Armee dürfen sie ihn statt der üblichen Soldatenmützen aufbehalten, und auch als Motorradfahrer sind sie von der Helmpflicht befreit.

Die Sikhs lehnen das Kastensystem der Hindus ab. Sie kennen nur einen Gott. Das Familienleben ist ihnen heilig, sexuelle Ausschweifungen, Alkohol und Tabak sind verpönt. Tapferkeit, Gerechtigkeit und Dankbarkeit, Treue, Ehrlichkeit und Wohltätigkeit sind ihre Tugenden.

An der Wiege der Sikhs stand im Mittelalter einer der bedeutendsten und geheimnisvollsten Dichter des Landes, Kabir, der angeblich 120 Jahre alt wurde und in drei Jahrhunderten lebte.

Kabir war in Benares als Sohn eines mohammedanischen Vaters und einer brahmanischen Mutter geboren worden, möglicherweise um 1398. In seiner Lyrik suchte er den Glauben seiner Eltern zu vereinen: Hinduismus und Islam.

Die Brahmanen, die höchste Kaste der Hindus, waren entsetzt und schickten ihm eine Kurtisane, um ihn in Versuchung zu führen und seine Aufforderung zu sexueller Enthaltsamkeit unglaubhaft zu machen. Es war vergebliche Liebesmüh.

Nach seinem Tod, so berichtet die Legende, stritten Moslems und Hindus um seine Leiche. Da hob einer das Tuch, das sie bedeckte. Aber es lagen nur Blumen dort. Die Hindus verbrannten einen Teil, die Moslems begruben den Rest.

Der Sohn eines Steuereinziehers aus Talwandi im heutigen Pakistan war von Dichtung und Überzeugungen Kabirs berührt. Er hieß Nanak (1469–1539). Als er etwa 30 Jahre alt war, hatte er beim Morgenbad im Fluss Bein eine Erleuchtung, entstieg den Fluten und begann zu predigen, was Kabir besungen hatte: die Vereinigung der beiden großen Religionen. „Es gibt keinen Hindu, es gibt keinen Muselmann", waren seine ersten Worte.

Zentrum seiner Lehre waren drei Befehle: „naam japna, kirt karni, wand chakhna" – „Habe Gott im Herzen, lebe von ehrlicher Arbeit, teile die Früchte deiner Arbeit."

Er durchwanderte Indien und Arabien. Seine Anänger nannten sich „Sikhs", abgeleitet aus der altindischen Literatursprache Sanskrit, in der das Wort „shishya" so viel wie „Schüler" bedeutet. Sie lebten nach Nanaks Ethik. Ihre Tempel, Gurdwaras, dienten nicht nur der Andacht, sondern stets auch als Unterkunft für Notleidende.

Nanak war der erste Guru der Sikhs. Neun weitere sollten ihm in den nächsten 200 Jahren folgen.

Der zweite Guru erfand die Gurmukhi-Schrift, in der das heilige Buch der Sikhs, Guru Granth, geschrieben ist.

Der dritte Guru befahl, dass jeder Besucher, der ihn sehen wollte, zuvor ein Mahl in der Gemeinschaftsküche mit anderen zu teilen hatte – so auch der mächtige Großmogul Akbar, der dort auf dem Boden sitzend mit seinen Dienern speisen musste.

Der große Akbar, der in seinem Reich selbst Islam und Hinduismus zu versöhnen suchte, war von dieser Demonstration der Gleichheit so beeindruckt, dass er Bibi Bhani, der Tochter des dritten Gurus und Frau des vierten Gurus, das Land rund um Amritsar schenkte. Der Ort wurde der religiöse und politische Mittelpunkt der Sikhs.

Der fünfte Guru Arjan gründete dort eine Stadt, vergrößerte den künstlichen See und baute mitten in ihm um 1600 den ersten Tempel. Der Sohn des großen Akbar, Großmogul Jehangir, war eifersüchtig auf die Erfolge der Sikhs. Guru Arjan wurde angeklagt, keinen Tribut gezahlt und den Islam geschmäht zu haben. Er wurde 1606 im nahen Lahore zu Tode gefoltert.

Mit Arjans Tod begann die Wandlung der Sikhs von einer pazifistischen in eine kriegerische Religionsgemeinschaft. Sein Sohn, der sechste Guru, bewaffnete sie und ließ sie militärisch ausbilden. Außerdem errichtete er am Haupteingang des Tempels im See von Amritsar ein neues Gebäude, Akal Takhat, das er zum weltlichen Sitz der Sikhs erklärte.

Der siebte und der achte Guru hinterließen keine bemerkenswerte Spur in der Historie. Aber der neunte Guru wurde wiederum von einem Großmogul hingerichtet – in Delhi 1675.

Nun betrat sein Sohn Gobind Rai die Arena der Geschichte, zitternd vor Zorn, als zehnter und letzter Guru der Sikhs. Am Fuße des Himalayas rief er mit fünf Getreuen 1699 die Bruderschaft Khalsa („Rein") ins Leben. Die fünf entstammten verschiedenen Teilen des Landes und verschiedenen Kasten. Jetzt aber tranken sie alle aus einem Gefäß Nektar, erhielten neue Namen mit dem Zusatz Singh („Löwe") am Ende und schworen, die fünf „K" der Khalsa einzuhalten:

Kesh	– langes Haar zu tragen.
Kangha	– einen Kamm zu tragen.
Kachha	– Soldaten-Shorts zu tragen.
Kara	– einen Stahlreif am rechten Handgelenk zu tragen.
Kirpan	– einen Säbel oder Dolch zu tragen.

Gläubige Sikhs wärmen sich nach kalter Nacht in ersten Strahlen der Morgensonne. Sie sitzen in dem Marmorgang, der das fast quadratische Bassin mit dem Goldenen Tempel umgibt

Die fünf „K" und das „Singh" am Ende des Namens (bei Frauen „Kaur") sind noch heute Merkmale gläubiger Sikhs.

Nachdem die fünf Getreuen ihren Schwur geleistet hatten, tauften sie ihrerseits den zehnten Guru auf den Namen Gobind Singh. Das Gelöbnis des neuen Ordens lautete: „Die Khalsa sind die von Gott Auserwählten. Der Sieg sei mit Gott." In den nächsten Tagen wurden mehr als 80000 Sikhs in die Bruderschaft aufgenommen.

Gobind Singh verkündete, dass es fortan keine Sikh-Gurus mehr geben werde und dass die heilige Schrift der Sikhs, Guru Granth, das ewige Vermächtnis sei. Ihm selbst war kein glückhaftes Schicksal beschieden. Seine vier Söhne starben zu seinen Lebzeiten, und er selbst wurde 1708 in Hyderabad Opfer eines Attentats.

Der Tempel in Amritsar wurde von Feinden besetzt und wieder befreit, gesprengt und wieder aufgebaut. Dann begannen unterschiedliche Gruppen der Sikhs untereinander zu streiten – bis Ranjit Singh (1780 bis 1839) an die Spitze eines Sikh-Clans rückte. Mit zehn hatte er seine erste Schlacht geschlagen und war von seinem Vater zum Nachfolger gesalbt worden. In wenigen Jahren einte er die Sikhs, rief Offiziere von Napoleons aufgelöster Armee in sein Land, eroberte Kaschmir, schlug die Afghanen und wurde mit 21 zum Maharadscha des Pandschab ausgerufen. 1813 nahm er Schah Schuja der Welt größten Diamanten, den Koo-hi-noor, ab, den die Perser aus Indien gestohlen hatten. Um ihn mit seinem rechten Auge ständig sehen zu können, trug Ranjit Singh ihn fortan in einem Armband mit zwei weniger wertvollen Diamanten groß wie Pecan-Nüsse auf seinem rechten Oberarm. Denn auf dem linken Auge war er blind; die Pocken hatten es in milchiges Weiß verwandelt.

Ranjit Singh war linksseitig gelähmt und maß nur etwa 1,60 Meter. Aber er liebte seine Armee und war ein mächtiger Herrscher. Tisch und Bett waren aus reinem Gold, und 100 Kilo des Edelmetalls stellte er zur Verfügung, um die Kupferpfannen des Tempeldaches in Amritsar mit einer Schicht zu überziehen. So leuchtete der „Goldene Tempel" fortan weit ins Land. Mit Gold, Juwelen und Rubinen wurde sein Inneres in eine Schatzkammer verwandelt, die mit Besen aus den Federn heiliger Pfauen ausgefegt wurde.

Nie zuvor und nie nach ihm war das weltliche Reich der Sikhs mächtiger als unter Ranjit Singh. Es reichte von Peshawar bis Tibet. Er regierte fast 40 Jahre. Doch nach seinem Tod vermoderte die Macht.

In zwei Kriegen warfen die Briten die Sikhs nieder und schlugen den Pandschab ihrem Kolonialreich zu. Die Sikhs zeigten sich großmütig. Im Ersten Weltkrieg stellten sie das herausragende asiatische Kontingent für die Alliierten, und auch im Zweiten Weltkrieg kämpften sie an der Seite der Eroberer, wenngleich mit weniger Enthusiasmus.

Nach dem Rückzug der Briten und der Teilung des Subkontinents in ein Indien der Hindus und ein Pakistan des Islam verließen etwa 2,5 Millionen Sikhs den pakistanischen Teil des Pandschabs und übersiedelten in den indischen Pandschab, wo noch heute die Sikh-Mehrheit lebt. Und wo noch heute der Goldene Tempel von Amritsar ihr höchstes Heiligtum ist.

Der Weg auf den Hügel Mrigasthali führt vorbei an Mauern, in die Götterstatuen eingelassen sind. Ungestört turnen heilige Hanuman-Affen auf ihnen herum. Sie wurden nach dem Affengott Hanuman benannt und haben wie er ein rotes Gesicht

Pashupatinath

Der Wallfahrtsort im Tal von Katmandu ist der heiligste Ort Nepals. Einst vergnügte sich dort Gott Shiva in Gestalt einer Gazelle mit seiner Frau Parvati in einem Hain auf dem Hügel Mrigasthali. Da tauften ihn andere Götter bewundernd Pashupati, Herr der Tiere, und suchten ihn an seinem Horn festzuhalten. Es brach ab, und Shiva versprach, für immer zu bleiben.

Ein Lingam ziert den Schrein einer Adelsfamilie

Ein Sadhu, ein Bettlermönch, zieht an einer Tonpfeife mit Hasch. Die Droge soll ihn in den Zustand meditativer Stille versetzen

Linke Seite: Purpur leuchtet die Statue des Gottes Shiva in Pashupatinath. Dank der extremen Beherrschung seiner Triebe soll er seiner Frau Parvati Hunderte von Jahren beigewohnt haben, ohne je zu ejakulieren. Rechte Seite: Ein Anhänger Shivas hebt für ein paar Rupien mit seinem Penis einen schweren Stein empor

Ein Hindu wird auf einem Holzstoß am Ufer des Bagmati verbrannt. Sein ältester Sohn hat das Feuer an einem Baumwolltuch im Mund des Toten entzündet. Anschließend wird seine Asche dem Fluss übergeben

In Tücher gewickelt und mit roter Farbe geschmückt, liegt ein Toter neben der Verbrennungsstätte

„Sitzen ist besser als Gehen,
Liegen besser als Sitzen, Schlafen besser
als Wachsein und Totsein
das Beste von allen“

Weisheit der Hindus

Zentrum des ausgedehnten Tempelbezirks von Pashupatinath am Ufer des Bagmati-Flusses ist eine Pagode mit zweigeschossigem, vergoldetem Pyramidendach. Sie ist dem Hindu-Gott Shiva geweiht.

Shiva ist neben Vishnu und Brahma einer der drei Hauptgötter des Hinduismus. Zusammen bilden sie das Göttertrio Trimurti.

Shiva ist der Gott der Fruchtbarkeit und der Zerstörung. Sein Symbol ist der Phallus (Lingam). Shiva wird gern meditierend mit einem erigierten Glied dargestellt. Sein Reittier ist der Stier Nanda, seine Gefährtin die Göttin Parvati, mit der er sich einst in Pashupatinath vergnügte.

Vishnu, der Bewahrer, wird meist in Dunkelblau auf seinem Thron sitzend abgebildet. In seinen vier Händen hält er Muschel und Diskus, Zepter und Lotus. Er kann auch die Gestalt eines Fisches oder eines Wildschweins, einer Schildkröte, eines Zwerges oder eines anderen untergeordneten Got-

Vor dem Tempel von Pashupatinath befindet sich Arya Ghat, die Verbrennungsstätte adliger Hindus

tes annehmen. Sein Reittier ist der Adler Garuda, seine Gemahlin die Glücksgöttin Lakshmi.

Brahma ist der Gott der Schöpfung. Aus einem Lotus geboren, der dem Nabel Vishnus entsprang, hat er vier Geschichter. Seine Gefährtin ist Sarasvati, Schutzpatronin der Schönen Künste und Erfinderin des Sanskrit. In der Hindu-Chronologie umfasst „ein Tag des Brahma" 4320000000 Jahre.

Alle drei Götter tauchen früh in der Geschichte des Hinduismus auf, die fünf Jahrtausende zurückreicht. Im Tal des Indus war um 3000 v. Chr. eine der ältesten Zivilisationen der Welt entstanden. Um etwa 1500 v. Chr. drangen arische Nomadenstämme von Nordwesten her in das Land ein, zerstörten die landwirtschaftliche Induskultur und entwickelten in den nächsten 2000 Jahren den Brahmaismus, Vorläufer des Hinduismus. In vier Veden wurde „Brahman" als das Absolute, der Ursprung und der Urgrund aller Existenz dargestellt. Seine ersten Götter waren Agni, Indra und Varuna. Doch wie keine andere Religion wuchs der Hinduismus ständig weiter, nahm Bestandteile anderer Kulturen auf, in einer Vielfalt, wie sie keine andere Lehre kennt, mit anderen Göttern und neuen Sekten. Selbst Einflüsse moslemischer Eindringlinge kamen hinzu.

Der Hinduismus hat kein Oberhaupt, keinen Gründer und keinen Propheten, hat Kasten, aber keine kirchliche Organisation. Er sei, so meinte Präsident Radhakrishnan einmal, „mehr eine Kultur als ein Glaubensbekenntnis". Unter seinem alles behütenden Dach sind Gegensätze möglich und alltäglich. Der eine Hindu verehrt einen Gott, der zweite ein Dutzend, der dritte gar keinen. Der eine Hindu ist aus Ehrfurcht vor dem Leben Vegetarier, der nächste opfert Tiere. Ein Dorf mag zu etwas anderem beten als das Nachbardorf. Vereint sind die Hindus in ihrem Glauben an die Seelenwanderung, an den Kreislauf von Geburt, Tod und Wiedergeburt bis zur endgültigen Erlösung. Die überwältigende Mehrzahl von fast einer Milliarde Inder sind Hindus.

Toleranz zeichnet den Hinduismus unter allen Herrschern in allen seinen Spielarten aus. Er war nie eine missionarische Religion, die versuchte, andere Kulturen zu unterwerfen. Dennoch breitete er sich in Asien bis nach Bali, China und Japan aus. Im Himalaya-Staat Nepal, eingeklemmt zwischen Indien und Tibet, existieren Hinduismus und Buddhismus einträchtig nebeneinander. Buddha soll in dem Land geboren worden sein, Hindu-Gott Shiva vergnügte sich mit seiner Gattin Parvati an den Ufern des Bagmati-Flusses. So verführerisch Shivas Gemahlin sein konnte – unter dem Namen Kali, Göttin des Todes und des Gerichtes, war sie zugleich Schutzpatronin der Thugs, einer Sekte von Mördern und Räubern, der erst im letzten Jahrhundert von den Engländern der Garaus gemacht wurde.

Blüten zieren stilisierte Fußabdrücke Buddhas am Mahabodhi-Tempel

BODH GAYA

Niemand weiß, wann genau einer der bedeutendsten Religionsstifter der Welt auf Erden weilte: Siddharta Gautama, genannt Buddha. Er lebte und starb irgendwann zwischen dem 6. und 4. Jahrhundert v. Chr. Überliefert ist, dass er unter einem Bodhi-Baum, einer Pappelfeige, im indischen Bodh Gaya erleuchtet wurde und in einer Vollmondnacht „die Wonne der Befreiung" erfuhr, die Erlösung vom Kreislauf der Wiedergeburten.

Eine neue Religion war geboren.

Zwischen den Bäumen von Bodh Gaya sind Gebetsfahnen gespannt. Sie sollen Dank und Bitten der Gläubigen dem Wind übergeben

Reich geschmückt sind der Stamm des Baumes, der sich erhebt, wo Buddha erleuchtet wurde, und der Diamantenthron

Eine Pilgerin aus Buthan umrundet den Mahabodhi-Tempel im buddhistischen Ritus der Niederwerfung: Sie liegt, erhebt sich, macht einen Schritt vorwärts und streckt sich wieder auf die Erde. Niederwerfung ist für Buddhisten eine Möglichkeit, einem heiligen Ort Respekt zu erweisen und dabei selbst Demut zu entwickeln

Im Garten des Tempels schimmert golden eine Buddha-Figur. Im Schatten üben Mönche den Diskurs. Jeder Mönch soll nur acht Dinge besitzen: Robe, Almosenschale, Gürtel, Rasiermesser, Nadel, Sieb, Stab und Zahnstocher

Wenn auch niemand weiß, wann Siddharta Gautama das Licht der Welt erblickte, so ist die Legende doch sehr präzise, wie, wo und was geschah. Der Vater Suddhodana aus dem Adelsgeschlecht Sakya war Herrscher einer kleinen Republik im Norden Indiens mit etwa zehn Städten und 180 000 Menschen. Die Mutter Maya war schon über 40 Jahre alt, als sie träumte, ein weißer Elefant sei in sie eingedrungen und habe eine Lotusblüte in ihr hinterlassen. Sie wurde schwanger. Auf halbem Weg ihrer Reise vom Palast ihres Mannes in Kapilavatu zu ihrem Elternhaus, wo sie das Kind zur Welt bringen wollte, setzten Wehen ein. Sie gebar einen Jungen in einem Hain bei Lumbini. Dort steht heute eine Steinsäule, die verkündet, dass dem Dorf aus diesem Anlass die Steuern erlassen wurden (allerdings erst ein paar Jahrhunderte nach dem Ereignis). Die Mutter starb sieben Tage nach der Geburt. Das Neugeborene erhielt den Namen Siddharta („Einer, der sein Ziel erreicht"). Der Knabe hatte 32 Merkmale eines außergewöhnlichen Menschen, darunter verlängerte Fersen, löwenähnliche Unterkiefer und blaue Augen. „Ich lebte verwöhnt, sehr verwöhnt, äußerst verwöhnt. Beim Haus meines Vaters ließ man mir Lotusteiche anlegen", sagte er später (so schreibt Eike Schmitz in „Der rätselhafte Fürstensohn"). Mit 16 Jahren wurde der in der Liebe nicht unerfahrene Siddharta mit seiner gleichaltrigen Kusine Yasodhara verheiratet. 13 Jahre später erwartete sie ein Kind von ihm. In der Zeit ihrer Schwangerschaft hatte Siddharta bei vier Ausfahrten aus dem Palast seines Vaters mit seinem Kutscher Chandaka vier Begegnungen, die später als „Vier Ansichten" in seine Lehre eingehen sollten:

- Bei der ersten Ausfahrt passierte er einen gebrechlichen Greis, der sich auf einen Stock stützte. Chandaka erklärte seinem Herrn, dass alle Lebewesen alt und gebrechlich werden müssten.
- Bei der zweiten Ausfahrt traf er einen Kranken. Chandaka erklärte ihm, dass dieses Unglück jeden Menschen schlagen könne.
- Bei der dritten Ausfahrt sah er einen Leichnam. Chandaka erklärte ihm das Wesen des Todes.
- Bei der vierten Ausfahrt erblickte er einen Hindu-Mönch mit Opferschale. Chandaka erklärte ihm, der Mann habe allen Besitz aufgegeben, um das Leben eines Asketen zu führen und Wahrheit und Glückseligkeit zu finden.

Siddharta beschloss, es dem Mönch gleichzutun. Bei der Rückkehr in den Palast erfuhr er, dass ihm seine Frau einen Sohn geschenkt habe. „Eine Fessel („rahula") ist geboren worden", sagte der Vater.

Doch noch in derselben Nacht erwachte er und schüttelte die Fessel ab, befahl Chandaka, sein Pferd Kanthaka zu satteln, und ritt mit ihnen davon. Am Fluss Anoma trennten sie sich. Siddharta befahl Chandaka, mit Kanthaka in den Palast zurückzukehren. Das Pferd aber konnte die Trennung von seinem Herrn nicht ertragen und starb.

Siddharta nahm die Bettelschale eines Mönchs und ging auf Wanderschaft. Lehrer auf Lehrer enttäuschte ihn im ersten Jahr. Dann lebte er Jahre als Asket, fastete bis zur Ohnmacht, ernährte sich von Kälberkot, ließ sich demütigen und bespucken. Doch Erlösung fand er nicht.

In der Vollmondnacht des Monats Vesakha (April/Mai) sah Siddharta, inzwischen 35 Jahre alt, unter einer Pappelfeige in Bodh Gaya in alle vier Himmelsrichtungen, ließ sich im Lotussitz unter dem Baum nieder und schwor, erst wieder aufzustehen, wenn er Erleuchtung erlangt habe.

In der vierten, in der heiligen Nacht des Buddhismus, erlangte er die tiefste Einsicht. Der ewige Kreislauf von Geburt, Tod und Wiedergeburt war für ihn durchbrochen. Er war erlöst. Er war zum Buddha („der Erleuchtete") geworden und machte sich auf, den Menschen seine Lehre zu verkünden.

Im Hirschpark von Sarnath, in der Nähe von Varanasi, hielt er seine erste Predigt vor fünf Asketen, die einst mit ihm gefastet hatten. Er weihte sie in die „Vier Edlen Wahrheiten" ein, die ihm unter dem Baum offenbart worden waren: vom Leiden, von der Ursache des Leidens, von der Aufhebung des Leidens und von dem Weg, der dorthin führt.

Die vier Asketen wurden seine ersten Jünger. Mit ihnen gründete Buddha einen Mönchsorden, dem auch sein im Palast zurückgebliebener Sohn beitrat. Er hieß, wie sein Vater ihn genannt hatte, bevor er ihn verließ: Rahula („die Fessel").

Noch etwa 45 Jahre verbreitete Buddha als Bettelmönch seine Religion unter einer immer größer anschwellenden Gemeinde. Er starb mit 80 Jahren an Lebensmittelvergiftung in Kushinagara und ging ins Nirvana ein.

Etwa 200 Jahre nach Christi Geburt findet sich in der christlichen Welt die erste Notiz über Buddha: Es habe in Indien einen Mann gegeben, den die Menschen noch immer „wegen seiner übergroßen Heiligkeit wie einen Gott verehren" (Klemens von Alexandrien, Stromata 1.15).

In der herein-
brechenden Dämme-
rung studiert ein
Mönch im Garten des
Mahabodhi-Tempels
Buddhas Lehre.
Die Stupas, kuppel-
förmige Grabhügel
über heiligen Relikten,
werden von Kerzen
erleuchtet

„Wie könnt ihr so verblendet sein und Stolz und Selbstsucht schätzen, wo ihr doch wisst, dass sie unvermeidlich zum Leiden führen müssen?“

Die letzten Worte des Buddha

BODNATH

Acht Kilometer nordöstlich von Katmandu liegt Bodnath, Wallfahrtsort des tibetischen Lamaismus in Nepal. Dort residiert der Cini-Lama, nach Dalai-Lama und Pantschen-Lama ranghöchster Repräsentant des tibetischen Buddhismus. Mittelpunkt der Stadt ist der große Stupa mit einer dreiterrassigen Sockelanlage, die möglicherweise auf das 5. Jahrhundert v. Chr. zurückgeht. Stupas wurden in Indien aus Grabhügeln für bedeutende Persönlichkeiten zu Monumentalbauten für Reliquien eines Buddhas oder eines Heiligen entwickelt. Die Halbkugel der Stupas symbolisiert den Globus. Über ihr erhebt sich ein vergoldeter Turm mit überlebensgroß gemalten Augen

Tag und Nacht brennen Butterlampen mit dem Fett aus Yakmilch in den Tempeln Lhasas. Ihnen wird eine reinigende Wirkung in heiligen Räumen zugeschrieben

LHASA

Auf dem Dach der Welt, dem Himalaya, liegt der „Ort der Götter", Lhasa, die Hauptstadt Tibets. Erst im 7. Jahrhundert n. Chr. gelangte der damals schon über 1000 Jahre alte Buddhismus in das Land und vermischte sich mit der heimischen Bon-Religion zum Lamaismus. Der Dalai-Lama ist dessen lebender Gott.

Auf dem Marpori, dem Roten Berg von Lhasa, erhebt sich der Potala-Palast mit seinen goldenen Dächern. Er entstand Ende des 17. Jahrhunderts und war Winterresidenz des Dalai-Lama. Wie alle sakralen Bauten Tibets besteht er aus Holz, Stein und Erde – ohne einen einzigen Nagel

„Ist man nicht genügsam,
sondern gierig nach diesem und jenem,
so kann das Verlangen nie völlig gestillt werden.
Selbst wenn man über die ganze Welt herrschen würde,
würde das noch nicht genügen…
Wirkliches Glück muss von Innen kommen…
Der Geist des vergangenen Lebens ist die Ursache
für den Geist des jetzigen…
Es ist nicht vernünftig zu meinen, es gäbe keine
vergangenen und zukünftigen Leben, nur weil man sie
nicht gesehen hat…
Das Nicht-Wahrnehmen von etwas beweist nicht
dessen Nicht-Existenz"

Der XIV. Dalai Lama (geb. 1935)

Pilger werfen sich vor dem Jokhang-Tempel in Lhasa nieder. Es ist der heiligste Tempel Tibets

Vor Butterlampen im Jokhang-Tempel betet eine alte Frau. Zwischen ihren Händen hält sie eine Gebetsmühle. Das Drehen der Mühle im Uhrzeigersinn setzt ein einziseliertes Gebet frei und ruft den Segen der Götter herbei

Ein Mönch steht auf dem Jokhang-Tempel vor dem Symbol Buddhas: ein von zwei Gazellen flankiertes Rad, das an Buddhas erste Predigt im Gazellen-Hain von Benares erinnert

Tibets König Songtsen (etwa 608 bis 650 n. Chr.) hatte zwei Frauen, eine Chinesin und eine Nepalesin. Sie überredeten ihn, Lehrer des Spätbuddhismus aus ihren Ländern nach Tibet einzuladen. Das Eindringen des Buddhismus bedrohte die einheimische Bon-Religion im Schneeland. Als im nächsten Jahrhundert eine Pockenepidemie ausbrach, so heißt es im Werk von Peter B. Clarke, machten die Schamanen der Bon-Religion, die an Hexerei und Naturgeister glaubten, die Buddhisten dafür verantwortlich. Dennoch vermischten sich beide Religionen schließlich zum Lamaismus, der tibetischen Form des Buddhismus. Er breitete sich in der Himalaya-Region und bis in die Mongolei aus. Kalmücken trugen seine Botschaft als Erste nach Europa.

Unter zahlreichen Sekten des Lamaismus erreichten die Gelugpa („Partisanen der Tugend") eine herausragende Stellung. Da ihre Mönche gelbe Mützen trugen, wurden sie in China und der Mongolei als „Gelbe Kirche" bekannt. Sie mussten sich strengen Ordensregeln und dem Zölibat unterwerfen. Ihr Führer Tsong-kha-pa (1367–1419) prophezeite kurz vor seinem Tode seinen beiden Lieblingsschülern, sie würden sich als Oberpriester ständig neu verkörpern. Das war die Geburtsstunde von Dalai-Lama und Pantschen-Lama.

Der Dalai-Lama ist die Inkarnation Bodhisattva („zukünftiger Buddha") Avalokiteschvare, der Ahnherrn Tibets und Herr unerschöpflichen Erbarmens. Der Pantschen-Lama ist die Inkarnation des Buddha Amitabha („Juwel der Weisheit"). Beide verzichten trotz ihrer Vollkommenheit darauf, nach ihrem Sterben ins Nirwana einzugehen, sonst Heilsziel und Endstation Sehnsucht aller Buddhisten. Stattdessen kommt bei ihrem Tod ihr Geist in einem Neugeborenen wieder zur Welt, das ihre Anhänger auffinden, testen und zum neuen Lama ausrufen müssen.

Im 17. Jahrhundert übertrug die mongolische Schutzmacht alle weltliche und religiöse Macht dem fünften Dalai-Lama Lorsang Gyatso. Der Pantschen-Lama war auf eine religiöse Rolle beschränkt. Tibet wurde unter Lorsang Gyatso zu einem Priesterstaat mit der Hauptstadt Lhasa. Und er war es auch, der dem berühmtesten Bauwerk des Landes seine heutige Gestalt verlieh: dem Potala-Palast mit goldenen Dächern auf dem roten Berg Marpori. Schon im 8. Jahrhundert hatte dort ein Meditationstempel gestanden, der im 15. Jahrhundert erweitert worden war. Aber erst unter dem großen fünften Dalai-Lama entstand der 13-stöckige Mittelbau. Als Lorsang Gyatso 1682 starb, wurde sein Tod angeblich zehn Jahre lang geheim gehalten, während derer ein ihm ähnlich sehender Mönch seine Rolle spielte, um den noch nicht beendeten Palastbau nicht zu gefährden.

Die späteren Dalai-Lama wurden im Potala-Palast beigesetzt. Über dem wohl prachtvollsten Grab des 13. Dalai-Lama erhebt sich eine goldene Stupa, die über zwei Stockwerke reicht; über den Altar wurde eine mit 20000 Perlen verzierte Decke gebreitet.

Der Nachfolger des Verstorbenen, der 14. Dalai-Lama, floh nach dem Einmarsch der Chinesen 1959 nach Indien. Nach dem Tod des Pantschen-Lama inthronisierten die Chinesen einen Nachfolger, der indes von vielen Tibetern nicht anerkannt wird.

Bekanntestes spirituelles Hilfsmittel des Lamaismus sind Mantras („Werkzeug des Geistes"). Es sind heilige Verse, die wieder und wieder gemurmelt werden, um göttlichen Schutz und Segen zu erflehen oder beim Meditieren zu helfen. Die Texte sind auch auf Gebetsmühlen eingraviert, deren Walzen oft an Wind- oder Wassermühlen angeschlossen werden, um sie möglichst ständig in Bewegung zu halten. Denn jede Umdrehung entspricht einem gesprochenem Mantra. Das große Mantra Tibets lautet: „Om Mani Padma Hum". Es gilt Bodhisattwa Avalokiteschvare, dessen Inkarnation der Dalai-Lama ist.

Der runde Ofen symbolisiert die Kürbisfrucht Hu Lo. In ihm werden Gebete und Wunschzettel verbrannt

ZHONGYUE

Am Fuß des Songshan, einem der fünf Heiligen Berge Chinas, liegt der Tempel Zhongyue, einer der ältesten des Taoismus. Neben Konfuzianismus und Buddhismus gibt es den Taoismus in China seit Jahrhunderten. Ursprünglich eine Philosophie, wurde er als Religion populär.

Der Rauch der Räucherstäbchen soll zu den Göttern aufsteigen und auf den Spender aufmerksam machen

Eine taoistische Nonne kniet vor einem der 72 Götter des Klosters. Der Taoismus hat für fast jeden Lebensbereich einen Gott, vom Nachbarn über den Nachwuchs bis zur Nahrung

Bunte Blätter von Comic-Heften sind zu zwei Blüten gefaltet, von etwa je 60 Zentimeter Durchmesser. Sie liegen auf Kissen vor den Altären. Gläubige können auf ihnen niederknien

„Alle Dinge dieser Welt entstehen aus dem Sein. Das Sein entsteht aus dem Nichtsein“

LAO-TSE

Die beiden großen Weisen Chinas, Lao-tse und Konfuzius, lebten nach der Legende zur gleichen Zeit um etwa 500 vor Christus und sind einander angeblich mehrmals begegnet. Sicher ist, dass ihre Weltanschauungen einander ergänzen, wie Yin und Yang, die beiden Urkräfte der chinesischen Kosmologie:

Yin, das Dunkle, Weiche, Passive, Weibliche, ist der Taoismus. Er kennt Geister, warnt, „wider die Natur zu handeln“, und lehrt: „Das Sein entsteht aus dem Nichtsein.“

Yang, das Helle, Harte, Aktive, Männliche, ist der staatstragende Konfuzianismus, eine aristokratische Ethik mit Ahnenkult.

Für Lao-tse (wörtlich: „altes Kind“ oder „alter Meister“), den Begründer des Taoismus, ist die Sache klar: „Je mehr Gesetze, umso mehr Diebe und Räuber.“

Konfuzius dagegen: „Man mische sich nicht ein, in die Amtsgeschäfte eines Amtes, das man nicht innehat.“

Lao-tse befindet: „Es ist kein Übel größer als Begehren.“

Konfuzius dagegen: „Reichtum und Ehren sind es, was der Mensch begehrt.“

Lao-tse: „Gut geht, wer ohne Spuren geht.“

Konfuzius dagegen: „Es schmerzt den edlen Mann, wenn er verlassen muss die Welt und mit ihm unvermerkt erlischt sein Name.“

Lao-tse, so wird berichtet, wurde von einem Lichtstrahl gezeugt. Seine Mutter sei 72 Jahre mit ihm schwanger gegangen und habe ihn unter einem Pflaumenbaum aus ihrer Achselhöhle geboren. Er lebte und lehrte in dem chinesischen Staat Zhou. Als der Staat verfiel, sei er auf einem schwarzen Wasserbüffel gen Westen geritten, um im heutigen Tibet seine letzten Jahre in Einsamkeit zu verbringen. Der Wächter des Grenzpasses habe ihn aufgefordert, seine Erkenntnisse niederzuschreiben. So habe Lao-tse 5000 Wörter des Buches „Dao De Jing“ („Das Buch vom Weg und seiner Tugend“) an der Grenze zurückgelassen, der erste Text des Taoismus, dessen Endfassung aber in Wirklichkeit wohl erst drei Jahrhunderte später fertig gestellt wurde.

Der Konfuzianismus blieb staatserhaltende Philosophie. Der Taoismus vermischte sich mit dem Buddhismus zu einer eigenen Religion. Er strebt nach Harmonie von Mensch und Kosmos. Im Zentrum steht Tao, der Urgrund der Welt. Der Mensch könne Glück erlangen, wenn es ihm gelänge, sich der Natur anzugleichen und mit Tao eins zu werden. Darüber hinaus glaubt der Taoismus an die Existenz von Unsterblichen (xian). Bisher wird von acht Untersterblichen berichtet. Auch Lao-tse soll sein Leben durch Zauberei verlängert haben.

Diese Überzeugung hat zu einer intensiven Suche nach Lebenselixieren geführt. Sowohl Meditation, Atemübungen und Sexualpraktiken als auch Alchemie, Pflanzen- und Heilkunde wurden vom Taoismus entwickelt. Die Akupunktur erblühte. Und als man Schwefel und Salpeter mit Kohle vermischte, wurde im 9. Jahrhundert das Schießpulver erfunden, das allerdings im Lauf der Zeit eher lebensverkürzend als lebensverlängernd wirkte.

Wie Yin und Yang stehen sich der strenge, maskuline Konfuzianismus und der sanfte, feminine Taoismus noch immer ergänzend gegenüber.

„Ewig besiegt das Weibliche durch Stille das Männliche“, sagt Lao-tse.

Konfuzius dagegen: „Weiber und kleine Leute sind schwer zu behandeln: Lässt du sie zu nahe heran, werden sie aufdringlich; hältst du sie fern, werden sie aufsässig.“

Lao-tse behielt das letzte Wort: „Nichts ist in der Welt weicher und schwächer als Wasser. Und doch gibt es nichts, das wie Wasser Starres und Hartes bezwingt.“

Wie die Frau den Mann.

ganchimian
味道好极了！

SHAOLIN

In der Provinz Henan, mehr als 800 Kilometer südwestlich von Peking, liegt an den Ausläufern des Berges Songshan das Kloster Shaolin. Von dort aus begann vor etwa 1500 Jahren der Siegeszug des Zen-Buddhismus und seines Kampfsportes Kung-Fu durch China und später auch in Japan.

Die Fersen von Kung-Fu-Kämpfern – seit Jahrhunderten in der gleichen Startposition – haben in die Halle des Shaolin-Tempels eine Mulde getreten

An der Außenseite des Klosters stehen Kung-Fu-Schüler der Mönche Kopf – eine Übung, wie Zen sie befiehlt

Drei Kämpfer trainieren im Vorhof des Klosters. Das Wichtigste ist: die Verinnerlichung aller Aktionen auf einen Brennpunkt

Der Pagodenwald ist der Friedhof des Shaolin-Klosters. Alle bedeutenden Mönche sind dort zur letzten Ruhe gebettet. Ihre Zen-Lehre befruchtete entscheidend die Psychotherapie des Westens

„Ich bin ich, weil ich nicht ich bin, und ich bin nicht ich, deshalb bin ich ich“

ZEN-MEISTER YUNMEN WENYAN
(864–949)

Um 520 n. Chr. traf der buddhistische Mönch Bodhidharma in der chinesischen Hafenstadt Guangzhou ein. Er hinterließ einen bleibenden Eindruck. Nie hatten die Chinesen einen hässlicheren Menschen gesehen, als diesen über und über behaarten Inder. Er blickte finster drein. Sein faltiges Antlitz wurde von zwei schweren buschigen Brauen beherrscht. An seinem Kinn hing ein dicker, lockiger Bart. Er machte dem damaligen Herrscher des Staates Liang, Kaiser Wu, seine Aufwartung. Dann trieb er auf einem Floß aus Schilfrohr den Gelben Fluss herab und ließ sich im Kloster Shaolin („Junger Wald“) bei Deng Feng in der Provinz Henan nieder. Er wurde der erste Patriarch des Zen-Buddhismus (in Chinesisch: Chan), der eine entscheidende Rolle in der Geschichte Chinas und Japans spielen sollte.

Der Zen-Buddhismus (von dem Sanskrit-Wort Dhyana) ist eine Schule des klassischen Buddhismus mit dem Ziel der Erlösung aus dem Kreislauf der Wiedergeburten durch Überwindung der Daseinsgier. In ihm verbinden sich pragmatische und mystische Elemente. Er strebt nach Harmonie in einem Leben ohne ich-bezogene Motive und frei von jedem Verhaftetsein. Erkenne dich selbst in den Dingen um dich herum. Das ist die Forderung des Zen. Dabei hat die Meditation Vorrang vor Gebet und Kult, Bettelei oder dem Studium heiliger Schriften. Die „Sitzende Versenkung“ („zazen“) ist Mittelpunkt aller Zen-Praktiken. Sie soll zur „Erleuchtung“ („satori“) führen, der plötzlich eintretenden Erkenntnis der Einheit allen Seins, des Heiligen wie des Profanen.

Um Anhängern des Zen-Buddhismus auf ihrem Pfad zu helfen, wurden in Shaolin und anderen Klöstern zwei Riten zur Stärkung von Geist und Körper entwickelt, das Frage-und-Antwort-Spiel Koan und der Kampfsport Kung-Fu.

Koan ist ein Rätsel, das der Zen-Meister („san-zen“) seinem Schüler aufgibt und für das keine logische Lösung existiert. Etwa: „Höre das Klatschen der einen Hand“ oder „Da kein Tor vorhanden ist, komm und lass mich dir erklären, wie du durchkommst.“ Der Schüler kann Jahre oder Sekunden über eine Antwort nachdenken. Sinn ist, durch intellektuelle Verwirrung zur Klarheit geistiger Intuition zu gelangen.

Kung-Fu dient der physischen Ertüchtigung durch Selbstdisziplin und Disziplinierung. Es soll den Körper der Zen-Mönche trotz vielstündiger Meditation fit halten und zugleich die für sie notwendige Konzentration stärken. In Shaolin wurden die traditionellen chinesischen Kampfkünste Wushu von den Mönchen in Jahrhunderten zu einer eigenständigen Schule weiterentwickelt, die den Namen Shaolinquan erhielt – Übungen mit und ohne Waffen zur Stärkung von Kraft und Muskelbeherrschung, Ausdauer und Widerstandsfähigkeit. Die Ausbildung beginnt im Kloster im Knabenalter. Kung-Fu-Meister können für europäische Verhältnisse kaum vorstellbare Schmerzen ertragen.

Nach der kommunistischen Machtergreifung 1949 wurde der traditionelle Kampfsport zunächst missachtet und während der Kulturrevolution sogar verboten. Seither aber hat er – nicht zuletzt durch staatliche Kung-Fu-Filme – einen unerwarteten Boom erlebt. Außerhalb des Klosters Shaolin, wo die Mönche selbst noch immer den Kampfsport bis zu zehn Stunden am Tag ausüben und lehren, haben kommerzielle Kung-Fu-Schulen eröffnet, die sich den Ruhm des Namens Shaolin zunutze machen und Tausende von Schülern haben.

Von Shaolin aus drang der Zen-Buddhismus ins Innere Chinas und nach Japan vor. Er zersplitterte sich, wie fast alle buddhistischen Religionen, in verschiedene Richtung, übte aber dennoch in beiden Ländern einen nachhaltigen Einfluss aus. Er lehnt die in Indien unter Buddhisten verbreitete reine Almosenmentalität ab: „Ein Tag ohne Arbeit – ein Tag ohne Nahrung.“ Chinesen und Japaner, deren Erwerbstrieb ausgeprägter ist, waren dafür empfänglich. Besonders in Japan hat der Zen-Buddhismus tiefe Spuren hinterlassen. Er wurde zur geistigen Grundlage der Samurai-Kämpfer, und aus ihm entwickelte sich die Ästhetik der Haiku-Lyrik, des No-Theaters und des Blumensteckens Ikebana, der Teezeremonie und der Gartenkunst.

Über den Tod des ersten Zen-Patriarchen Bodhidharma existieren zwei Überlieferungen. Gesichert erscheint, dass er im Shaolin-Kloster starb. Nach der einen Legende verließ er sein Grab und humpelte ins heimatliche Indien zurück, hinkend, weil er eine Sandale in seinem Grab vergessen hatte. Nach der anderen Legende saß er eines Tages so lange in Meditation versunken, dass ihm beide Beine abfielen. An jedem Neujahrstag werden zur Erinnerung daran in Japan leuchtend rote Bodhidharma-Puppen verkauft, mit Armen, aber ohne Beine.

KYOTO

Der Zen-Buddhismus, der erst im 12. Jahrhundert aus China nach Japan kam, hinterließ dort eine tiefe Spur. Er wurde Ethik der Samurai-Krieger, seine Ästhetik inspirierte Dichtkunst und Theater, die Teezeremonie und die Kunst der Gartengestaltung. Das Kiesbett von Steingärten erhält durch Rechen immer die gleiche Struktur. Theologe Hans Küng: „So leer und geordnet wie der Garten soll der Geist des Mönchs werden, frei von Gier, Hass und Verblendung.“ Im Garten des Ryoan-ji-Tempels von Kyoto kann der Betrachter in einem Meer von weißen Kieseln immer nur 14 von 15 vorhandenen Felsen erblicken. Durch jede Veränderung seiner Position rückt ein neuer Felsen ins Blickfeld, dafür verschwindet ein anderer

ISE

Shinto-Priester segnen Speisen in einer Holztruhe, um ein gutes Erntejahr zu erbitten

Shinto („Weg der Götter“) ist Japans einheimische Religion. Sie geht auf den Kult der Kami zurück, die Götterwesen der Natur im Himmel und auf Erden. Über 100000 Schreine sind ihnen geweiht. Der Ise-Jingu in der Stadt Ise von Hondschu ist das höchste Heiligtum des Shinto.

Steinstufen führen hinauf zu dem aus Zedernholz gebauten Inneren Schrein des Ise-Jingu. Er ist Amaterasu geweiht, Sonnengöttin und legendäre Gründerin des Kaisergeschlechts. Seit dem 7. Jahrhundert werden sowohl der Innere wie auch der Äußere Schrein alle 20 Jahre abgebrochen und im selben Stil wiedererrichtet. Das alte Holz dient dem Bau neuer Schreine im Land

Die „Verheirateten Felsen" im Meer vor der Ise-Kii-Halbinsel sind Symbol für Mann und Frau, verbunden durch ein Tau aus Reisstroh

Ein brauner Falter rastet auf frommen Wünschen, die von Shinto-Anhängern an heiligen Orten aufgefädelt werden, damit die Götter sie erhören

Vor jedem Schrein liegen an Wasserbecken Schöpfkellen. Die Besucher sollen sich ihren Mund reinigen, ehe sie sich den Göttern nähern

Ein Shinto-Priester begibt sich unter einem traditionellen Schirm zu einer religiösen Zeremonie

„Jedem Hohlgefäß passt das Wasser weich sich an, dennoch aber sprengt es mit seiner sanften Kraft auch den harten Fels“

Japans Kaiser Meiji (1852–1912)

Dunkel wie die Herkunft der Japaner ist die Herkunft des Shinto. Shinto ist seinem Wesen nach eine Naturreligion. Er kennt keinen Gründer und keinen Propheten. Er entstand in Familien und Dörfern aus einer Vielzahl lokaler Kulte des Inselreiches. Die Menschen verehrten, was sie in sich, um sich und über sich entdeckten. Als Gottheiten (Kami) galten ihnen zunächst Sonne und Mond, Berge und Flüsse, manche Tiere, aber später auch Ahnen und Helden. Es gab einen Kriegsgott, einen Jagdgott und nicht weniger als sieben Gottheiten des Glücks. Anders als in westlichen Religionen wurde nicht der Gegensatz zwischen gut und böse betont. Alle Erscheinungen besaßen sowohl „raue“ wie auch „sanfte“ Eigenschaften. Mit einer Vielzahl von Glaubensvorstellungen, Sitten und Gebräuchen entstand eine Religion, die eher dem Diesseits als dem Jenseits zugewandt war: der Natur, der Ernte, der Fruchtbarkeit.

Um das 6. Jahrhundert n. Chr., als aus Korea und China die Lehren Buddhas, die Weisheit des Konfuzius und die Mystik des Taoismus nach Japan drangen, waren die japanischen Glaubensvorstellungen unter dem Begriff Shinto zu einer Art Volksreligion geworden. Obgleich der Buddhismus zunächst nur in japanischen Adelsgeschlechtern studiert werden durfte, breiteten sich die fremden Anschauungen rasch aus und vermischten sich mit dem Shinto.

Damals wurde auch der Titel Tenno („Sohn des Himmels“) aus China für den japanischen Kaiser übernommen. Er beinhaltete, dass der Kaiser zugleich weltlicher Herrscher und göttlicher Abstammung sei. Die Sonnengöttin Amaterasu, heute die höchste Shinto-Gottheit, soll ihren Enkel Honinigi mit drei Insignien der Macht zur Erde geschickt haben: mit einem heiligen Spiegel, einem Zauberschwert und einem wundertätigen Juwel. Honinigis Enkel Jimmu-Tenno habe dann die kaiserliche Familie begründet.

Vor allem der Buddhismus überlagerte zunehmend den Shinto. Nach dem 8. Jahrhundert wurden selbst auf dem Gelände von Shinto-Schreinen buddhistische Tempel gebaut. Buddhistische Mönche bezeichneten manche Shinto-Götter als niedere Wesen, die wie Menschen der Wiedergeburt bedurften. Der Shinto gebar Dämonen (Oni), wie den boshaften Fuchsgeist, der sich eines Menschen bemächtigen konnte und dann von Priestern wieder ausgetrieben werden musste.

Der Kaiser wurde immer mehr entmachtet und auf seine religiöse Rolle gestutzt. Shogun-Dynastien übten als erbliche Reichsverweser Jahrhunderte die Regierungsgewalt aus. Gleichzeitig entwickelten sich verschiedene Shinto-Richtungen, die gegen die Überfremdung durch andere Religionen stritten. Beide Auseinandersetzungen wurden erst im 19. Jahrhundert durch einen außergewöhnlichen Mann entschieden. 1867 bestieg nach dem Tod seines Vaters der Kaiser Mutsuhito mit nur 15 Jahren den Thron, schaffte das Shogunat ab, stellte die kaiserliche Gewalt wieder her und erklärte mit 19 den Shinto zur Staatsreligion. Zusammen mit Heer und Marine wurde der Staats-Shinto eine der gewaltigen Schubkräfte des erwachenden japanischen Nationalismus. „Meiji“ („Erleuchtete Regierung“) war Mutsuhitos Herrschaftsdevise. Unter dem Namen Meiji-Tenno ging er in die Geschichte ein. Als er 1912 starb, war Japan zu einer modernen Großmacht geworden.

Doch das Wunder der Meiji-Restauration währte nur ein Dreivierteljahrhundert. Nach der japanischen Kapitulation am Ende des Zweiten Weltkriegs wurde der Shinto als Staatsreligion wieder abgeschafft, und der Kaiser entsagte allen Ansprüchen auf Gottähnlichkeit.

In der letzten Hälfte des 20. Jahrhunderts, als in Japan 123 Millionen Menschen lebten, gab das Kultusministeriums die Zahl der Shinto-Anhänger mit über 98 Millionen und die Zahl der Buddhisten mit 88 Millionen an. Millionen waren eben beides; die Religionszugehörigkeiten flossen ineinander über. Der Japaner, so schrieben Mircea Eliade und Joan P. Couliano in ihrem „Dictionnaire des religions“, lebe als Konfuzianist, heirate als Shintoist und sterbe als Buddhist.

Doch der Shinto gewinnt zusehends wieder Kraft. Viele neue Shinto-Sekten sind aufgetaucht. Shinto-Feste teilen das Jahr ein. Shinto-Rituale haben den japanischen Alltag noch immer tief geprägt. Das Ausziehen der Schuhe beim Betreten eines Hauses oder das tägliche Bad gehen auf die Reinigungsriten des Shinto zurück. Der Eingang eines Hauses darf nie im Nordosten liegen. Jede traditionsbewusste japanische Familie hat in ihrer Wohnung einen Miniaturschrein („Kamidana“ = Göttersims) auf den jeden Morgen Schälchen mit Sake und Reis für die Kami gestellt werden. Und Millionen Japaner besuchen jedes Jahr den Meiji-Schrein in Tokio: Denn aus dem Tenno der Restauration ist für sie ein Kami geworden.

In dem zum Ise-Schrein gehörenden Naiku-Gebiet wächst ein Baum aus einer Steintreppe hervor. Die Shinto-Anhänger wähnen Gottheiten in jeder Erscheinungsform der Natur

Bemalte Papua auf dem Weg zum Sing-Sing, einem Fest der Ureinwohner

Papua-Neuguinea

85 Prozent der Staatsfläche von Neuguinea bestehen aus Bergen. Sie sind bis zu 4000 Meter hoch und weithin von tropischen Regenwäldern bedeckt. Das ist die Heimat der Papua. Ein Teil der Ureinwohner lebt noch heute außerhalb jeder Geldwirtschaft und verehrt Landschaftsgeister, die sich von Stamm zu Stamm unterscheiden. Tiere werden oft als Verkörperung übernatürlicher Wesen angesehen; das Schwein genießt die höchste Achtung.

In Mangroven an den Küsten und in den Wäldern auf den Bergen wachsen bis zu 9000 verschiedene Pflanzengattungen. In Teilen des Hochlandes fällt jährlich bis zu sechs Meter Regen pro Quadratmeter

Geschminkt und geschmückt versuchen Männer und Frauen der Papua, den Mitgliedern anderer Stämme bei Festen zu imponieren

Nur wenn er sich verletzt hat, schützt ein Mann auf einer Wanderung seinen Fuß durch einen Lappen

Das Gebiet Ozeanien im westlichen Pazifik umfasst 66 Millionen Quadratkilometer. Keine Million Quadratkilometer davon sind Land – die mehr als 10000 Inseln Polynesiens, Mikronesiens und Melanesiens. Eine davon ist Neuguinea.

Vermutlich, wenn auch nicht bewiesen, wanderten die ersten Siedler zu Fuß von Australien nach Neuguinea, ehe die Klimaerwärmung nach der letzten Eiszeit den Meeresspiegel hob und die Landverbindung zerstörte.

Als wahrscheinlich gilt, dass in der Jungsteinzeit (10000–3000 v. Chr.), in der der Ackerbau die menschliche Entwicklung revolutionierte, in den Hochtälern der Insel einige der frühsten Formen von Landwirtschaft entstand. Ausgrabungen haben Bewässerungsgräben freigelegt, die etwa 9000 Jahre alt sind und zum Anbau von Taro dienten, dessen essbare Wurzeln noch heute zu den wichtigsten Nahrungsmitteln gehören.

Sicher aber ist, dass sich Menschen dort seither in ihren Daseinsformen und in ihrer Stammeskultur, in Riten und Mythen weniger verändert haben, als in den meisten Teilen der Erde. Das macht das Land zu einem faszinierenden Punkt des Globus.

Papua-Neuguinea umfasst den östlichen Teil der Insel (samt Bismarckarchipel). Immergrüne tropische Regenwälder bedecken den größten Teil des von einem Zentralgebirge durchzogenen Landes. Es ist fast ein Viertel größer als Deutschland und hat keine sechs Millionen Einwohner. Das Klima ist heiß und feucht. Es wachsen über 3000 verschiedene Orchideenarten.

Ein Teil der Papua-Bevölkerung im Landesinnern lebt außerhalb der Geldwirtschaft, Selbstversorger in isolierten Siedlungen im unwegsamen Bergland, wie vor Jahrhunderten. Jede Familie hat ein eigenes Stück Land. In vielen Sippen darf eine Frau mit keinem Mann außerhalb der Familie sprechen. Sümpfe, Urwälder und Bergkämme trennen die Siedlungen voneinander. Resultat: Es gibt noch immer rund 1000 Stämme mit etwa 700 verschiedenen Sprachen und 300 Dialekten. Die Kruste der so genannten Zivilisation an der Küste und in den Hafenstädten ist dünn.

Es existierte keine Urreligion für die Ureinwohner dieser Welt. Aus Mythen und Magie haben die Völker auf unterschiedlichen Wegen zu ihren Religionen gefunden. Mal waren es Geister, mal Götzen, mal Götter, die es in Ritual oder Zeremonie zu ehren galt. Meist schienen dabei die Menschen Gott eher nach ihrem Bilde geformt zu haben, als dass er sie nach seinem Bilde geformt hätte. Stets aber herrschte der Glaube, dass es Kräfte gab, die dem Menschen überlegen waren und sein Schicksal und das seiner Umwelt beeinflussen konnten. Sie gnädig zu stimmen, wurden Gebet und Opfer, Gottesdienste und heilige Bauten erfunden.

Eine der verbreiteten Kulthandlungen ist das Tätowieren oder Bemalen menschlicher Körper, sei es in Amerika, Asien oder

Aus einem Bach schöpft eine Frau mit einem geknickten Blatt Wasser, um zu trinken

„Frauen gaben sich dem Liebesgeist Dumban hin. Da hackten die Männer ihn in Stücke. Doch sein Phallus flog davon und vergnügte sich in jeder Siedlung“

Aus einer Legende der Papua

Afrika. Und auch bei den Papua auf Neuguinea. Masken und Malereien dienen bei Sing-Sing-Festen als Statussymbol, sollen Mut machen, dem Feind Furcht einflößen oder überirdische Kräfte gnädig stimmen. Vom grauen Flussschlamm bis zu den Federn des Paradiesvogels ist jedes Hilfsmittel recht.

Die Papua kennen dabei keine hierarchische Götterwelt. Sie leben mit einer Mythologie von ungewöhnlicher Vielfalt. Gelangt ein Frosch ins Haus, bedeutet es, dass der Tod sich einem Menschen nähert. Vom Fluss Sepik aus verbreitete sich die Ansicht, die Welt schwimme auf dem Rücken eines Krokodils. Papua des Hochlandes wissen, der Mann sei aus dem Erdboden, die Frau aus einem Baum entstanden.

Alle aber sind überzeugt, dass die Seelen der Toten nicht sterben – und damit sind die Menschen, die mit einem Fuß in der Jungsteinzeit leben, so modern wie nur irgendeine Religion auf dem Globus.

Nahost und Afrika

Die drei großen monotheistischen Weltreligionen entsprangen in Nahost den gleichen Quellen. Aus dem Judentum ging das Christentum hervor, und aus beiden der Islam. Adam, Abraham, Moses und Noah sind allen dreien gemeinsam, und selbst Jesus gilt dem Islam als einer der Propheten vor Mohammed. Im Verhältnis zueinander wechselten bei den drei Religionen Phasen gegenseitiger Toleranz mit erbitterter Feindschaft. Heute ist der Islam die dynamischste Religion. Er gewinnt vor allem in Asien und Afrika an Boden.

Cheops- und Chephren-Pyramide streben dem Sonnengott Ra entgegen

GIZEH

Das Reich der Pharaonen währte fast so lange wie die Weltgeschichte seit Christi Geburt. In ihm war der Pharao Herrscher und Gott zugleich. Die Pyramiden von Gizeh sind steinerne Zeugnisse seiner Macht und seines Glaubens. Die Pharaonen wollten sich im Jenseits mit dem Sonnengott Ra vereinen, der jeden Tag in seiner brennenden Barke über den Himmel fuhr.

Aus rund 2,5 Millionen Steinblöcken besteht die Cheops-Pyramide. Auf der dritten ihrer 203 Stufen hockt ein Nachfahre jener, die dieses Wunder schufen

Die Cheops-Pyramide bei Gizeh ist das größte Einzelbauwerk der Welt. Sie wiegt schätzungsweise sechs Millionen Tonnen, weit mehr als jede Kathedrale Europas. Sie wurde gegen 2500 v. Chr. errichtet und hat bei einem Neigungswinkel von 52 Grad eine Höhe von insgesamt 146,5 Meter. Das Baumaterial kam aus den Steinbrüchen von Gizeh.

Die Präzision des Bauwerks verblüfft. Die vier Seiten des quadratischen Grundrisses weichen von den vier Kardinalpunkten des Kompasses um weniger als das Zehntel eines Grades ab. Die Kantenlängen von jeweils 233 Metern unterscheiden sich maximal um 20 Zentimeter. Die Höhendifferenz innerhalb einer umlaufenden Stufe beträgt keine 2,5 Zentimeter.

Der griechische Geschichtsschreiber Herodot, der die Pyramide um 450 v. Chr. besuchte, berichtet, 400 000 Arbeiter hätten an ihr gebaut. Das scheint übertrieben. Die Bauzeit dürfte etwa 25 Jahre betragen haben.

3000 Jahre blieb das Innere der Cheops-Pyramide unberührt. Erst um 820 n. Chr. wurde der Zugang entdeckt. Der Sarkophag in der Grabkammer war leer. „Bis heute kennt niemand den wahren Verwendungszweck der Pyramide“, schrieb Jennifer Westwood 1987 in „Menschheitsrätsel“: „Wenn sie nicht als Grabmal für König Cheops diente, was war sie dann?“

Pyramiden als Tempel oder Grabmäler entstanden unabhängig voneinander in Afrika, Asien und Amerika, in Ägypten, Kambodscha und Lateinamerika. Allerdings waren die Pharaonen bei weitem die frühesten Bauherrn.

Vor den Pyramiden der Pharaonen liegt ein moslemischer Friedhof. An seiner Grenze zur Wüste findet gerade eine Beisetzung statt

Ägyptens erste Pyramide südlich von Gizeh in Sakkara stammt vom Pharao Djoser (etwa 2700 v. Chr.). Der Stufenbau hatte noch eine rechteckige Grundfläche. Erst König Snorfu befahl das Quadrat, wie es auch den drei Pyramiden von Gizeh eigen ist. Sie stammen von drei Pharaonen der IV. Dynastie, von deren Gründer Cheops, von Mykerinos und Chephren (dessen Kopf angeblich die Sphinx schmückt).

Im Schatten der Pyramiden lagen Nebenbauten: ein Taltempel an einem Kanal zum Empfang des auf dem Wasserweg eintreffenden Leichenzugs, kleine Pyramiden für die Beisetzung der Königin, Gräber für Schiffe zur Fortbewegung im Jenseits.

Sarkophagkammer und Galerien, Luftschächte und Labyrinthe innerhalb der Pyramiden waren unterschiedlich gestaltet. In den Innenräumen waren Pyramidentexte gemeißelt, die älteste religiöse Spruchsammlung Ägyptens.

Aus dem Alten Reich der Pharaonen (2700 bis 2100 v. Chr.) sind über 20 Pyramiden erhalten, aus dem Mittleren Reich (2100 bis 1600 v. Chr.) noch zehn kleinere in der Wüste, und im Neuen Reich (1600 bis 1000 v. Chr.) starb die Pyramidentradition aus.

Hunderte von Wissenschaftlern haben durch die Jahrhunderte versucht, die Rätsel der Pyramiden zu lösen: Mit welcher Technik wurden die tonnenschweren Blöcke aufeinander getürmt, wann sind die Pyramiden von wem beraubt worden, waren sie astronomisch ausgerichtet, oder wurden sie nach einer unbekannten Zahlenmystik erschaffen? Noch nicht einmal ein Zipfel der Geheimnisse ist gelüftet.

Bitten und Gebete stecken in den Fugen, darunter Faxe aus der Fremde

KLAGEMAUER

Sie ist über 2000 Jahre alt und der heiligste Ort der Juden. Auf ihren Quadern ruht der Staat Israel: die Klagemauer in Jerusalem. Römer, Araber und christliche Kreuzfahrer, Mamelucken, Türken und Briten haben zeitweilig über sie geherrscht. Aber immer wurde sie von den Juden zurückerobert, zuletzt im Sechstagekrieg 1967.

Dunkel fällt der Schatten eines gläubigen Juden auf die Klagemauer. Sie ist Überbleibsel einer Stützmauer, die König Herodes vor Christi Geburt um Jerusalems heiligen Tempelberg ziehen ließ

In der Stunde der
Morgendämmerung,
noch nicht Tag und
nicht mehr Nacht,
suchen vornehmlich
Frauen den für
sie reservierten Teil
der Klagemauer auf.
Insgesamt ist sie
48 Meter lang und
18 Meter hoch

Mit geschlossenen Augen betet ein Pilger an der Klagemauer. Hunderte kommen täglich. Bei ihrem Gebet erfüllt oft ein traurig klingender, monotoner Singsang den Platz

„Als die Dämmerung nahte, hatten wir die Klagemauer vor uns, so, wie sie Jahrhunderte gewesen war“

TEDDY KOLLEK ÜBER DEN 10. JUNI 1967

Drei der Weltreligionen kennen jeweils nur einen Gott: Judentum, Christentum und Islam. Die älteste von ihnen ist das Judentum. Es lieferte zugleich den Wurzelboden, dem die anderen beiden Religionen entsprangen. Und der Stammvater der Juden, Abraham, ist zugleich Stammvater der Christenheit und des Islam (wenn er auch von Fall zu Fall mit leichten Abänderungen versehen wurde).

Die Juden tauchen vor etwa 4000 Jahren in der Geschichte auf. Sie stammen vermutlich aus Mesopotamien. Nach Schöpfung und Sündenfall, Sintflut und Turmbau zu Babel soll – laut Bibel – Abraham seine Sippe aus Ur in Chaldäa in das Land Kanaan (später Palästina oder Israel) geführt haben. „Der Herr sprach zu Abraham“, so steht es im ersten Buch Moses: „Gehe aus deinem Vaterlande und von deiner Freundschaft und aus deines Vaters Hause in ein Land, das ich dir zeigen will... Ich will segnen, die dich segnen, und verfluchen, die dich verfluchen, und in dir sollen gesegnet werden alle Geschlechter auf Erden.“ Damit hatte Gott die Juden zu seinem auserwählten Volk gemacht.

Die Juden zogen weiter nach Ägypten und gerieten in die Sklaverei der Pharaonen. Um 1260 v. Chr. erhielt Moses auf dem Berg Sinai nach der Bibel von Gott den Auftrag, sie ins gelobte Land zurückzuführen. Noch einmal habe Gott den Kindern Israels beim Auszug aus Ägypten ihre Sonderrolle bescheinigt: „Du sollst mein Eigentum sein unter allen Völkern. Du sollst ein Königreich von Priestern und ein heiliges Volk sein.“ Moses tat, wie ihm befohlen. Er erhielt von Gott unterwegs die zehn Gebote, und die Juden bildeten in Kanaan zwölf Stämme.

Saul, David und Salomon wurden ihre ersten drei Könige. Mit David beginnt in Israel die eigentliche Geschichtsschreibung. Er macht Jerusalem zur Hauptstadt, und durch ihn wird der Gott der Juden, Jahwe, Schöpfer und Herrscher der Welt, zu einer Art Staatsgottheit. Der weise Salomon war es dann, der um 948 v. Chr. in Jerusalem auf dem höchsten Punkt der Stadt einen Tempel errichtete. Der „Tempelberg“ wurde zum Mittelpunkt des jüdischen Staates. In dem Tempel ließ König Salomon die heilige Bundeslade aus vergoldetem Akazienholz aufstellen, die sein Volk beim Auszug aus Ägypten mitgebracht haben soll.

Dann spaltete sich das Reich in das nördliche Israel und das südliche Judäa mit Jerusalem. Doch die beiden Reiche hielten nur wenige Jahrhunderte. 722 v. Chr. wurde Israel von den Assyrern erobert, und 586 ließ der babylonische Kaiser Nebukadnezar den Tempel in Jerusalem zerstören. Die Bundeslade ist seither verschollen.

Die herrschende Schicht von Judäa wurde von Nebukadnezar nach Babylon verschleppt. Die babylonische Gefangenschaft dauerte fast 50 Jahre. Dann durften die Juden dank der Hilfe des persischen Königs Kyros heimkehren und bauten ihren Tempel in Jerusalem wieder auf. Viele Juden allerdings blieben in Babylon.

In den nächsten Jahrhunderten wurden die Kinder Israels weitgehend fremdbestimmt. Erst unterwarf Alexander der Große Vorderasien. Dann gehörte Judäa zum Reich des Königs Ptolemäus, der viele Juden in Alexandrien ansiedelte. Dort entstand nach Babylon die zweite große Judenkolonie außerhalb Palästinas. Schließlich kamen die Römer. Sie riefen Herodes zum König der Juden aus. Er, unter dessen Herrschaft Maria im Stall zu Bethlehem einen Sohn gebar, errichtete rund um den Tempelberg von Jerusalem aus tonnenschweren Quadern eine Stützmauer.

Roms Kaiser Caligula bestimmte, ein Standbild von ihm als Zeus im Tempel von Jerusalem aufzustellen, das die Juden anbeten sollten. Die gedemütigten Kinder Israels erhoben sich gegen Rom. Zornig schlug das Imperium zurück. 70 n. Chr. machten die Römer Jerusalem dem Erdboden gleich und brannten auch den zweiten Tempel nieder. Die letzten israelitischen Widerstandskämpfer wurden vier Jahre später auf der Festung Masada getötet. Das Land begann sich zu entvölkern. Juden wurden als Sklaven verkauft oder als Gefangene in entlegene Provinzen des römischen Imperiums verbannt, nach Spanien, an die Donau und den Rhein.

Die 800 Jahre zuvor von mehreren Propheten vorhergesagte Zerstreuung der Juden über alle Länder der (damals bekannten) Welt, die mit der Babylonischen Gefangenschaft ihren Anfang genommen hatte, war nun weitgehend geschichtliche Wirklichkeit geworden.

Wie die Römer besetzten später Araber, Kreuzfahrer, Mamelucke, Türken und schließlich die Briten Jerusalem. Die Araber hatten bereits im 7. Jahrhundert nach Christus auf dem Tempelberg, genau dort, wo einst der jüdische Tempel gestanden hatte, eine Moschee gebaut.

Das Einzige, was den Juden von ihrem höchsten Heiligtum übrig blieb, war ein Stück der westlichen Stützmauer, 18 Meter hoch und 48 Meter lang. Und auch dorthin war ihnen der Zutritt lange verwehrt. Doch nach der Gründung Israels kämpften sich die Juden durch den Sechstagekrieg 1967 ihren Zugang wieder frei. Im Glauben der Rabbi ist Gott Jahwe an der Klagemauer stets gegenwärtig.

Thora und Talmud sind die wichtigsten Zeugnisse der jüdischen Religion. Die Thora (hebräisch für „Lehre“) umfasst die fünf Bücher Moses. Der Talmud (hebräisch für „Das Lernen“) ist eine Zusammenfassung der religiösen Lehren, Vorschriften und Überlieferungen des nachbiblischen Judentums. Das Grab Abrahams, des Stammvaters der Juden, in Hebron steht heute jüdischen, christlichen und moslemischen Pilgern und Touristen offen.

FELSENDOM

Neben Mekka und Medina ist der Felsendom in Jerusalem heiligste Stätte des Islam. Er erhebt sich über dem nackten Fels des Berges Moria. Auf ihm soll der erste Mensch erschaffen worden sein, auf ihm soll der Prophet Mohammed seine Fußspuren hinterlassen haben, als er in den Himmel aufstieg, und auf diesem Felsen soll eines Tages auch das Weltgericht erfolgen. So weiß es der Islam.

Der Dom – Meisterleistung islamischer Architektur

Der Schatten einer Frau im Schador fällt auf den Marmor der Außenwand des Felsendoms. Persische Fayencen schmücken den oberen Wandteil. Der Kubbat As Sarah („der Dom der Wüste") wurde zwischen 669 und 692 vom Kalifen Abd al-Malik erbaut

Die goldene Kuppel des Felsendoms leuchtet über Jerusalem. Ihr Durchmesser beträgt 20,4 Meter

Mohammed (arabisch für „Der Gepriesene") begründete im 6. Jahrhundert den Islam. Der Prophet Allahs wurde als Abu 'l-Kasim aus der Sippe der Haschemiten um 570 n. Chr. in Mekka geboren. Seine Familie lebte in ärmlichen Verhältnissen. Sein Vater starb kurz nach seiner Geburt, seine Mutter, bevor er sechs Jahre alt ist. Er wurde von Großvater und Onkel erzogen. Mit 25 war er Karawanenführer, von mittlerer Größe mit leicht rötlicher Haut und pomadisiertem Haar. Über einem vollen Bart glühten dunkle Augen. Er stand im Dienst der reichen Witwe Chadidscha. Sie war 15 Jahre älter als er, heiratete ihn und schenkte ihm in 20 Ehejahren sechs Kinder. Die meisten starben, aber Lieblingstochter Fatima gebar ihren Eltern Enkelkinder.

Durch die Ehe wohlhabend geworden, führte Abu 'l-Kasim ein sorgloses, heiteres Leben im damaligen Handelszentrum Mekka. Dann und wann brachte er den Göttern aus Dankbarkeit ein Opfer in der Ka'ba, einem Steinwürfel von 15 Meter Höhe im Zentrum der Stadt, in dessen Wand ein schwarzer Meteorit eingelassen war. Etwa 360 Gottheiten – für jeden Beduinenstamm mindestens eine – umstanden dort Allah (arabisch für „Der Gott"), den Vater aller Götter und Menschen, den Abu'l-Kasim zum alleinigen Gott einer neuen Religion erklären sollte.

Mit etwa 40 Jahren, nach dem frühen Tod seiner beiden Söhne, geriet er in eine Lebenskrise, fing an, seine Geschäfte und sein Äußeres zu vernachlässigen, strich fiebrig und verwahrlost durch Mekka. Da hatte er eine Vision. In einer Grotte erschien ihm beim Meditieren der Erzengel Gabriel als Gesandter Gottes und sprach zu ihm.

„Überliefert", so schreibt Ingo Hermann in „Der kämpferische Prophet Gottes", „ist folgende Szene: ‚Erschöpft kam er schließlich heim, rief Chadidscha und erzählte ihr das Vorgefallene. – Ich weiß nicht, sagte er, ist es ein guter Geist oder ein Dämon, der mich verfolgt. – Chadidscha war eine kluge Frau. – Setze dich auf mein linkes Knie, sagte sie, siehst du dann noch den Geist? – Ja, antwortete Mohammed. – Setze dich auf mein rechtes Knie, befahl sie. – Ich sehe ihn immer noch, sprach Mohammed. – Da seufzte Chadidscha tief auf, entblößte ihren Körper und legte sich liebend zu Mohammed. – Siehst du ihn noch, fragte sie dann. – Ich sehe ihn nicht, antwortete Mohammed. – Dann, o Mohammed ist es wahrlich ein guter Geist, denn ein böser Geist würde sich der Schande freuen, ein guter aber verzieht sich vor Scham'."

Fortan glaubte Mohammed immer wieder wie im Trance, göttliche Mitteilungen zu erhalten. Sie alle wurden später im Koran niedergeschrieben, dem heiligen Buch des Islam, das aus 114 Suren besteht.

Mohammed erkannte sich als Propheten. Sprach Gott zu ihm, litt sein Körper, fror und zuckte wie bei einem Anfall. Seine Frau Chadidscha glaubte als Erste an seine Berufung. Dann wurden ein paar Verwandte eingeweiht. Aber drei Jahre lang trat Mohammed mit seinen neuen Ideen nicht an die Öffentlichkeit.

Im Koran beruft sich Mohammed vor allem auf Abraham, der die Ka'ba erbaut habe, auf Noah und Moses; vierzigmal erwähnt er die „Kinder Israels"; Jesus wird als Sohn einer Jungfrau beschrieben, der Wunder getan habe. Doch der Kern des Korans ist die Botschaft von dem einen allmächtigen Gott, Weltschöpfer und Weltherrscher: „Er ist Allah, neben ihm ist kein Gott", heißt es in der Sure 59 des Koran: „Er ist der höchste Herr, der Heilige, der Friedensspender, der Glaubenserhalter, der Beschützer, der Mächtige, der Allerhöchste! Gepriesen sei er über alle ihre Götzenbilder. Er ist Allah, der Schöpfer, der Ursprung. Ihm gebühren alle höchsten Namen. Alles auf der Erde und im Himmel preist ihn. Er ist der Mächtige, der Weise."

Als Mohammed schließlich in Mekka zu predigen begann, stieß er bei den Einheimischen auf wenig Gegenliebe. Er störte ihre Geschäfte, Traditionen und Vielfalt der Götter. Er wollte, dass sie Schweinefleisch, Ehebruch, Diebstahl und Verleumdung meiden und den Armen helfen sollten. Sie wandten sich gegen ihn. 622 n. Chr. zog er darum mit etwa 70 Getreuen und deren Familien in das 300 Kilometer nördlich gelegene Medina. Dieses schicksalhafte Jahr wird später zum Jahr 1 der islamischen Zeitrechnung werden.

In Medina errang Mohammed innerhalb weniger Jahre religiöse und politische Macht, errang Ansehen als Religionsstifter, Staatsmann und Feldherr. Auch sein persönlicher Lebensstil hatte sich gewandelt. Nach dem Tod seiner geliebten Frau Chadidscha (619) legte er sich einen Harem mit neun Frauen zu. Da Juden und Christen es ablehnten, ihn als Propheten anzuerkennen, vertrieb oder tötete er jüdische Familien in Medina und betonte die Eigenständigkeit seiner Lehre, des Islam (was so viel bedeutet wie „Hingabe an Gott"). Dessen Anhänger war ein „Moslem" (derjenige, der sich Gott hingibt). Und Mohammed selbst war der Prophet Allahs, „das Siegel der Propheten".

Schon 630, nur acht Jahre nach seinem Auszug, konnte Mohammed Mekka besetzen und zur heiligen Stadt seiner neuen Religion erklären. Noch einmal zwei Jahre später war er Herr über den größten Teil Arabiens, legte in Medina seinen Kopf in den Schoß seiner 19-jährigen Lieblingsfrau Aischa, befahl, seine Sklaven freizulassen und sein Geld unter den Armen zu verteilen. Dann starb er.

Der Siegeszug seiner Religion aber hatte gerade erst begonnen. Die Furcht, mit Mohammeds Tod könnte der Islam an Kraft verlieren, erwies sich als unbegründet. Aischas Vater Abu Bekr fand die erlösenden Worte: „Wer Mohammed verehrt, muss wissen, dass dieser tot ist", sagte er, „wer aber den Gott Mohammeds anbetet, muss wissen, dass dieser lebendig und unsterblich ist."

Als Kalif (arabisch für „Nachfolger") trat Schwiegervater Abu Bekr selbst das Erbe Mohammeds an. Schon die ersten vier Kalifen eroberten von Arabien aus den gesamten Vorderen Orient vom Iran bis Ägypten. Ihre Feldzüge waren militärische Wunder. 635 fiel Damaskus, 638 ergab sich Jerusalem. Der neunte Kalif Abd al-Malik erbaute dort den Felsendom, der nach Geburts- und Sterbeort Mohammeds, nach Mekka und Medina zum wichtigsten Heiligtum des Islam wurde.

Bald darauf war auch Persien in der Hand der Moslems. Ingo Hermann hat am Fall dieses Reiches eindrucksvoll aufgezeigt, mit welcher explosiven Kraft sich der Islam ausbreitete. Kurz vor seinem Tod hatte Mohammed den Kaiser von Persien schriftlich aufgefordert, die Religion Allahs anzunehmen. Darauf schrieb der Kaiser hochmütig an seinen Gouverneur im Jemen: „Dieser Araber, der aus dem Hidjaz aufgetaucht ist, hat uns einen ungebührlichen Brief geschrieben. Schicke zwei intelligente Männer aus, um ihn mir in Ketten vorzuführen, damit ich überlegen kann, wie mit ihm zu verfahren ist. Wenn er sich weigert, auf meinen Befehl, den ich ihm überbringen lassen werde, zu kommen, dann suche ihn mit einer Armee und schicke mir

Der Dom ist als Achteck gebaut. In ihm finden keine Gottesdienste statt

„Mohammed war ein Prophet, als Adam noch zwischen Wasser und Lehm war. Dann wurde er in seiner geschaffenen Form geboren, als Siegel der Propheten"

IBN AL-ARABI UM 1200 N. CHR.

seinen Kopf." 16 Jahre später wurde Persien islamisiert. Nicht nur durch Feuer und Schwert, wie oft behauptet, sondern vor allem durch die Anziehungskraft des Glaubens wurde die Religion immer weiter verbreitet.

In den folgenden Jahrhunderten zersplitterte der Islam in angeblich 272 Sekten. Er spaltete sich in zwei große Glaubensrichtungen: die Sunniten, denen etwa 90 Prozent der Moslems angehören, und die Schiiten (10 Prozent), die allein die Nachkommen von Mohammeds Tochter Fatima und deren Ehemann Ali als islamisches Oberhaupt anerkennen. Mächtige Herrscher stritten Jahrhunderte um Rang und Würde eines Kalifen, wie Harun al-Raschid. Erst der Begründer der modernen Türkei, Kemal Atatürk, schaffte 1924 das letzte Kalifat ab.

Unabhängig von inneren Querelen und Unterschieden aber wuchs und erstarkte der Islam. Einst hatten die Mauren Spanien eingenommen. Heute gilt das Gesetz Mohammeds von Marokko bis Indonesien, weite Teile Afrikas und Asiens sind von ihm durchdrungen.

Über eine Milliarde Menschen bekennen sich zum Koran. Fünf Grundpfeiler tragen das Haus ihres Glaubens:

1. Das Glaubensbekenntnis: „Außer Allah gibt es keinen Gott, und Mohammed ist sein Prophet."
2. Das tägliche Gebet: Fünfmal am Tag rufen die Muezzin, und die Gläubigen müssen sich waschen und in Richtung Mekka niederwerfen, um zu beten.
3. Das Fasten im Monat Ramadan: Von Sonnenaufgang bis Sonnenuntergang ist es verboten, Nahrung und Genussmittel einzunehmen oder Geschlechtsverkehr zu pflegen.
4. Die Abgabe einer Armensteuer: Einmal im Jahr soll diese Sozialabgabe erfolgen.
5. Die Wallfahrt nach Mekka und Medina: Jeder Gläubige, dem es irgend möglich ist, soll einmal in seinem Leben den Geburts- und den Sterbeort Mohammeds besuchen.

Das Glaubensbekenntnis zu Allah und Mohammed ist dabei das Wichtigste. „Das sind die ersten Worte", schrieb David Kerr in „Der Kult des Islam", „die einem Kind nach der Geburt ins Ohr geflüstert werden, und die letzten, die ein Moslem im Sterben haucht – als ein Licht in diesem Leben und als Hoffnung auf Gnade im Leben nach dem Tode."

PETRA

In einem schwer zugänglichen Felsenkessel im südlichen Jordanien liegt Petra, im 3. Jahrhundert vor Christus Hauptstadt des Reiches der Nabatäer. Sie verehrten den Gott Dushara mit seiner Frau Al'Uzza und schlugen ihnen zu Ehren Tempel in den Fels (griechisch: Petra).

Rot wie geronnenes Blut leuchtet der weiche Sandstein, in den das „Seidengrab" eingelassen ist. Würde es in Petra häufiger regnen, wären die alten Monumente längst verfallen

45 Meter hoch ist Petras größter Tempel El-Deir. 800 Stufen führen zu ihm hinauf

Auf seinen Stock gestützt, schaut ein Beduine von der „Urne" auf dem Dach des Tempels El-Deir über die Berge am Tal des Moses, in dem der Prophet Wasser aus einem Stein geschlagen haben soll

„Nennt mir ein Wunder jenseits des Morgenlandes, das dieser Stadt vergleichbar wäre, rot wie die Rose, alt wie die Zeit“

John Burgon, Dean of Chichester, im 19. Jahrhundert

Auf halbem Weg zwischen dem Toten Meer und dem Golf von Akaba bohrt sich das Wadi Musa, das Tal des Moses, von West nach Ost in die Berge von Esh Shaka. Kurz vor seinem Ende führt eine schmale, nur wenige Meter breite Schlucht zwischen hohen Sandsteinkliffs hindurch nach Petra (vermutlich das biblische Sela).

In dieser Gegend siedelten mehr als ein Jahrtausend vor Christus die Edomiter des Alten Testaments, die Nachkommen ihres Stammvaters Esau.

Im 6. Jahrhundert v. Chr. eroberte ein arabischer Stamm das Tal: die Nabatäer. Sie hatten als Wegelagerer begonnen und Karawanen überfallen, die durch das Wadi Musa zogen. Doch schon bald waren sie mehr und Petra ihre Hauptstadt. Ptolemaios I. von Ägypten, der einst ein General von Alexander dem Großen gewesen war, überließ ihnen das Monopol für die Überwachung des Handels aus dem Innern Arabiens, von Oman und Somalia an die Mittelmeerküste.

Seide aus Indien, Elfenbein aus Afrika, Perlen vom Roten Meer, Myrrhe, Zimt und vor allem Harz des Weihrauchbaumes wurden von Ägyptern, Griechen und Römern begehrt.

Die Nabatäer legten entlang der Weihrauchstraße Wasserstellen, Futterplätze und Karawanenstationen an. Dafür erhoben sie Zoll und Schutzgebühren.

Ägyptens Herrscher Ptolemaios I. hatte einen Landsmann zum Feind: den König Antigonus von Mazedonien. Und um Ptolemaios zu schwächen, entsandte Antigonus seinen Sohn Demetrius mit einem Heer nach Palästina. Er sollte die reichen Handelswege und Karawanenstraßen unterbrechen und unter seine Kontrolle bringen.

312 v. Chr. belagerte Demetrius darum Petra. Doch vergebens. Die von der Natur geschützte Festung erwies sich als uneinnehmbar. Die Nabatäer schlugen Demetrius zurück.

Der arabische Stamm erhob seinen Machtbereich nun selbst zum Königreich. Die Nabatäer dehnten ihre Herrschaft nach Norden und Süden aus, über den Sinai und entlang der Küste des Roten Meeres bis tief in die Wüsten Arabiens. Sie wurden die mächtigste Kraft der nahöstlichen Region. Unter ihrem König Aretas III. besetzten sie um 85 v. Chr. sogar Damaskus in Syrien.

Zwanzig Jahre später marschierte der römische General Pomejus in Damaskus ein. Caligula gab es den Nabatäern noch einmal zurück, doch Nero nahm es ihnen wieder ab. Ihre Hauptstadt Petra aber und fast ihr ganzes Königreich blieben ihnen.

Als Verbündete Roms lebten sie fortan friedlich im Wohlstand, bis Kaiser Trajan ihr Königreich etwa 106 n. Chr. endgültig zerschlug und zur „Provincia Arabia“ erklärte. Zur neuen Provinzhauptstadt bestimmte er statt Petra das leichter erreichbare Bostra, östlich des Jordans.

Im 3. Jahrhundert verlor Petra dann auch als Handelsplatz an Bedeutung. Die Karawanenwege verlagerten sich nach Norden. Palmyra wurde neue Drehscheibe des Handels zwischen Ost und West.

In einer aramäischen Inschrift von 312 n. Chr. werden die Nabatäer noch einmal erwähnt. Danach verliert sich ihre Spur in der Geschichte.

Im 7. Jahrhundert eroberten beduinische Moslems die verwaiste Stadt Petra, im 12. Jahrhundert errichteten Kreuzritter dort auf zwei Berggipfeln befestigte Beobachtungsposten.

Petra verfiel und geriet in Vergessenheit – bis der Schweizer Reisende Johann Ludwig Burckhard 1812 von der geheimnisvollen Ruinenstadt hörte.

Er überredete einen Führer, ihn dorthin zu bringen.

Schon der Zugang durch die enge Schlucht Siq ist außergewöhnlich. 1,2 Kilometer lang und teilweise keine 3 Meter breit, führt sie durch senkrecht aufragende Felswände von bis zu 70 Meter Höhe.

Dramatisch endet die Schlucht als schmaler Schlitz unmittelbar vor der in den roten Fels gehauenen Fassade eines unvollendeten Grabes, das heute als „Schatzhaus des Pharao“ bekannt ist.

Das zweistöckige „Schatzhaus des Pharao“, 40 Meter hoch und 25 Meter breit, ist dabei nur eine von über 600 Grabanlagen – darunter mindestens drei Königsgräber –, die Petra zu einer der bedeutendsten Nekropole der Erde machen.

Die Fassaden sind in den Berg gehauen. Die meisten stammen aus dem 1. und 2. Jahrhundert n. Chr. und bilden eine Mischung aus nabatäischer, hellenistischer und römischer Architektur. Das jüngste Grab ist dem römischen Statthalter Petras unter Kaiser Hadrian geweiht.

Ausgrabungen legten neben den Gräbern eine Stadt mit Opferplätzen und Obelisken, einer Zitadelle, Brunnen und Märkten, Theater und Tempeln frei.

Mittelachse war eine 18 Meter breite Monumentalstraße. Wo sie vom öffentlichen Bereich in den Tempelbezirk überging, wurde sie von einem dreiteiligen Bogentor aus dem 2. Jahrhundert n. Chr. überspannt.

„Petra ist der herrlichste Ort der Welt“, schrieb einst Lawrence of Arabia. Heute ist es die größte Touristenattraktion Jordaniens.

Den Zugang
zu Petra bildet
die Siq, eine
1,2 Kilometer
lange Schlucht,
die sich bis
auf drei Meter
verengt. Durch
sie war die Stadt
Jahrhunderte
uneinnehmbar.
Die Siq endet vor
Al-Kaznah, dem
„Schatzhaus
des Pharao“

Weiß steigt der Mond am Berg Sinai empor. Auf dessen Gipfel steht eine winzige Kapelle

KATHARINENKLOSTER

*Auf dem Berg Sinai empfing Moses von Gott die Zehn Gebote. So steht es im Alten Testament.
Am Fuß des Berges der Gesetzgebung liegt in felsiger Einöde das Katharinenkloster, das älteste
Kloster des Christentums.*

Zu den Schätzen des Katharinenklosters gehört der Codex Syriaticus, die älteste vollständig erhaltene Niederschrift der vier Evangelien über das Leben Jesu

Einer Wüstenfestung Gottes gleich liegt das Katharinenkloster unterhalb des Berges Sinai. Auch eine Moschee erhebt sich in seinen Mauern. Fleisch und Wein sind im Kloster verboten

1. Ich bin dein Herr, dein Gott.
Du sollst nicht andere Götter haben neben mir
2. Du sollst den Namen des Herrn,
deines Gottes, nicht missbrauchen
3. Du sollst den Feiertag heiligen
4. Du sollst deinen Vater und deine Mutter ehren
5. Du sollst nicht töten
6. Du sollst nicht ehebrechen
7. Du sollst nicht stehlen
8. Du sollst nicht falsch Zeugnis reden wider deinen Nächsten
9. Du sollst nicht begehren deines Nächsten Haus
10. Du sollst nicht begehren deines Nächsten Weib, Knecht, Magd,
Vieh oder alles, was sein ist

Die zehn Gebote (in der Luther-Übersetzung)

Die Schädel verstorbener Mönche finden im Gebeinhaus des Klosters ihre letzte Ruhestätte

Einmal in der Woche backt Pater Paul Brot für die Beduinen, die rund um das Katharinenkloster wohnen

„Als er seine Worte an Mose auf dem Berg Sinai beendet hatte, übergab er ihm die beiden Tafeln des Zeugnisses, steinerne Tafeln, die von Gottes Finger beschrieben waren“

Exodus 31, 18

Eines Tages hütete Moses die Schafe seines Schwiegervaters Jethros, so heißt es im Alten Testament. Er „trieb die Herde hinter die Wüste und kam an den Berg Gottes, Horeb“. Am Fuß des Berges erblickte er einen Dornbusch. „Er sah“, so berichtet die Bibel weiter, „dass der Busch mit Feuer brannte und ward doch nicht verzehrt“ – so wie Glaube in einem Menschen lodern kann, ohne ihn zu vernichten. Aus diesem Busch rief Gott Moses an und befahl ihm, „dass du mein Volk, die Kinder Israel, aus Ägypten führest“.

Über dem Dornbusch entstand 324 n. Chr. eine erste Kapelle, später wurden seine Wurzeln unter einer Silberplatte versiegelt, und um 550 ließ Kaiser Justinian I. von Byzanz die heilige Stätte befestigen. So steht dort in 1528 Meter Höhe noch heute das Katharinenkloster, das älteste christliche Kloster der Welt – ein Wüstenfort Gottes in der Einöde des Sinai.

Der Sinai verdankt seinen Namen dem akkadischen Mondgott Sin. Die dreieckige

Ziel aller Pilger ist die Kapelle auf dem 2228 Meter hohen Berg Sinai. Er gilt heute als „Berg Horeb" aus dem Alten Testament

Wüstenhalbinsel zwischen Ägypten, Israel und Saudi-Arabien, zwischen Mittelmeer, Suez-Kanal und dem Golf von Akaba ist geschichtsträchtiges Gebiet – vom brennenden Dornbusch bis zum Sechstagekrieg. Politisch gehört das Land zu Afrika, geografisch zu Asien. Tiere und Menschen sind selten. Tagsüber herrschen im Norden Temperaturen bis 50 Grad im Schatten. Nachts weht in den Bergen im Süden ein kalter Wind.

Lange Zeit waren sich die Gelehrten nicht einig, welcher Gipfel von ihnen Horeb, der Berg Gottes aus dem Alten Testament, war. Ursprünglich wurde der Djebel Sirbal dafür gehalten. Doch dann einigte man sich auf den Berg Sinai, auch Djebel Musa genannt, an dessen Fuß sich das Katharinenkloster des brennenden Dornbuschs erhebt.

Es ist der Märtyrerin Katharina von Alexandria geweiht. Sie wurde nach der Legende im 4. Jahrhundert gerädert, enthauptet und von Engeln in das Gebirge auf dem Sinai getragen.

Die mächtigen Festungsmauern des Klosters umschließen ein Terrain, das kleiner ist als ein Fußballplatz: 85 x 76 Meter voll verschachtelter Gassen und verwinkelter Stiegen, gekalkter Wirtschaftsgebäude und überdachter Balkone. Eine Moschee für die Beduinen der Umgebung ist in Stein geronnenes Sinnbild religiöser Toleranz. Wein und Fleisch sind im Kloster verboten.

Das Katharinenkloster gehört einer autonomen griechisch-orthodoxen Kirche, die ihr Einkommen aus Grundbesitz auf Kreta und Zypern bezieht. Etwa zwei Dutzend griechische Mönche versehen im Kloster ihren Gottes-Dienst. Der von ihnen gewählte Abt ist zugleich Erzbischof des Sinai. Der jüngste Mönch ruft morgens um vier und nachmittags um drei mit einem Gong aus Zedernholz zum Gebet. Seit über 1400 Jahren wird täglich die Messe gelesen.

Die dreischiffige Verklärungs-Basilika mit Fresken aus dem 6. und 7. Jahrhundert sowie die neue Bibliothek von 1945 bergen ungewöhnliche Schätze: über 2000 Ikonen aus der Zeit des 8. bis 15. Jahrhunderts und über 3000 alte Handschriften, darunter der Codex Syriaticus aus dem 4. Jahrhundert, die vermutlich älteste vollständig erhaltene Niederschrift der vier Evangelien über das Leben Jesu. Teile des noch älteren Codex Sinaiticus, einst ebenfalls im Klosterbesitz, befinden sich heute im Britischen Museum.

Der heiligste Ort ist wie vor tausend Jahren die „Kapelle zum brennenden Dornbusch", die sich hinter der Basilika befindet, dort, wo Gott Moses angerufen hatte.

Moses tat, wie der Herr ihm geheißen, und holte sein Volk, um es ins Gelobte Land zu führen. „Im dritten Monat nach dem Auszug der Kinder Israel aus dem Ägyptenland", so meldet die Bibel, „kamen sie dieses Tages in die Wüste Sinai." Und wieder erschien Gott Moses. Diesmal nicht am Fuß des Berges Sinai, sondern auf dessen Gipfel. Er verkündete ihm die zehn Gebote und übergab ihm – laut Altem Testament – „zwei Tafeln des Zeugnisses; die waren steinern und beschrieben mit dem Finger Gottes".

LALIBELA

Äthiopien war seit dem 4. Jahrhundert eine der frühen Bastionen des Christentums. König Lalibela, berühmtester Herrscher der Zague-Dynastie, verlegte im 12. Jahrhundert den Regierungssitz von Aksum nach Roha in das Ampharen-Hochland. Dort ließ er elf monolithische Gotteshäuser in das vulkanische Gestein des Bodens schlagen. Er wollte einen Wallfahrtsort schaffen. Später wurde er heilig gesprochen und Roha nach ihm benannt: Lalibela.

Vor dem Fenster in Kreuzform liest ein Mann die Bibel

Gläubige lauschen in der „Kirche des Erlösers" (Biet Medhane Alem) einer Messe. Sie ist die größte der elf Felsenkirchen, 33 x 22 x 11 Meter, herausgeschlagen aus einem Stein

Die „Kirche des Heiligen Georg" (Biet Giorgis) wurde in Form des griechischen Kreuzes aus dem roten Tuffstein herausgeschlagen, 13 Meter tief in die Erde

Unter Schirmen in leuchtenden Farben tragen Priester zu Ostern in einer Prozession symbolisch den Leib Christi um die „Kirche des Heiligen Georg" (Biet Giorgis). Gotteshaus und der Raum rundum sind aus dem Vulkangestein ausgeschachtet

Im Vorraum der überfüllten „Kirche der Jungfrau Maria" (Biet Mariam) lauschen Gläubige vor dem Bildnis der Jungfrau mit Jesus andächtig der Ostermesse. Sie haben im Kirchenschiff keinen Platz mehr gefunden

Am Ostersamstag tragen Männer Schilfgras auf dem Kopf. Es symbolisiert die Dornenkrone von Christus

Nach der Sage ist dies das Kreuz des Königs Lalibela

Ein Priester lehrt das Lesen der Heiligen Schrift

Gelb ist das Gewand aller Nonnen an der Pilgerstätte

Priester segnen mit ihrem Kreuz, wem sie begegnen

Jede Kirche in Lalibela besitzt mindestens einen Tabot, eine Nachbildung der biblischen Bundeslade. An Feiertagen werden sie aus den Kirchen geholt und von Priestern während einer Prozession in Tüchern auf dem Kopf getragen

„Mohrenland wird seine Hände ausstrecken zu Gott“

Psalm 68, 32

Für die Pharaonen war es das Land Punt. Und sie glaubten, dass einige ihrer Götter von dort stammten. Im Norden jenes Landes, dem heutigen Äthiopien, erblühte ein Jahrtausend vor Christi Geburt die Stadt Aksum. Weihrauch und Elfenbein wurden in ihr gehandelt.

Der Forscher Graham Hancock glaubt, die Spur der jüdischen Bundeslade, die im 6. Jahrhundert v. Chr. aus Jerusalem verschwand, über zwei Inseln im Nil und im Tana-See bis Aksum verfolgen zu können.

Berühmt wurde der Ort durch mehr als 20 Meter hohe steinerne Stelen, Mini-Wolkenkratzer mit blinden Fenstern und Türen, vermutlich zu Ehren längst vergessener Götter errichtet. Die höchste Stele liegt zerschmettert am Boden. Die zweithöchste ließ Mussolini während der italienischen Besetzung Äthiopiens nach Rom entführen und dort aufstellen.

Aksum wurde Hauptstadt eines Königreiches. Um 320 n. Chr., so berichtet Colin Wilson in seinem großartigen Werk „Kultstätten der Menschheit“, seien die Syrer Frumentius und Aedesius von Piraten in die Stadt verschleppt worden.

König Ella Amida machte die beiden zu seinem Truchsess und seinem Mundschenk. Nach seinem Tod wurden sie Ratgeber der Königin und predigten die christliche Botschaft. Der neue König Ezana empfing die Taufe. Das Christentum wurde Staatsreligion, und der koptische Patriarch Athanasius von Alexandrien machte Frumentius zum ersten Bischof von Aksum.

Zeitweilig erstreckte sich das Imperium vom heutigen Sudan bis zum Jemen und Saudi-Arabien. Um 600 rissen erst Perser, dann Araber die östlichen Landesteile an sich. Doch das christliche Reich blieb im Kern bestehen.

Im 12. Jahrhundert verlegte König Lalibela seine Residenz von Aksum mehr als 200 Kilometer südlich nach Roha. Dort wurden die in der christlichen Welt einmaligen Felsenkirchen aus und in den Stein gehauen, in drei verschiedenen Formen:

Die monolithischen Kirchen sind ganz freistehend in den vulkanischen Boden gemeißelt und lediglich noch durch ihren Sockel mit dem Fels verwachsen. Bei Gruftkirchen liegt nur der Innenraum im Gestein. Und die Grottenkirchen sind ganz oder teilweise in Höhlen hineingebaut.

Die Gotteshäuser sind durch ein Labyrinth von Gängen und Stollen miteinander verbunden. Es wird angenommen, dass die Bauzeit insgesamt etwa 120 Jahre betrug.

König Lalibela, der einen Wallfahrtsort hatte schaffen wollen, um damit den Gläubigen eine Pilgerreise nach Jerusalem zu ersparen, wurde heilig gesprochen und die Stätte der Felsenkirchen nach ihm benannt. Sie trägt noch heute seinen Namen. Rund 1000 koptische Mönche wachen über sie.

Register

Umschlagabbildung: Calanais

Die Deutsche Bibliothek – CIP-Einheitsaufnahme
Ein Titelsatz für diese Publikation ist bei
Der Deutschen Bibliothek erhältlich

Redaktion

Fotografie: Tom Jacobi

Text: Claus Jacobi

Grafische Gestaltung: Susanne Söffker

Schutzumschlagentwurf: Susanne Söffker

Lithographie: NovaConcept Kirchner GmbH, Berlin

Gedruckt in ANIVA®

Druck und Bindung: EBS, San Giovanni Lupatoto (Verona)

Papier: Papierfabrik Scheufelen, Lenningen

ISBN 3-7774-8780-5

Printed in Italy

Calanais
Anthony Island
Glastonbury
Cerne Abbas
Santiago de Compostela
Canterbury
Shiprock
Sevilla
Mississippi-Delta
ATLANTIK
Chichén Itzá
PAZIFIK
Machu Picchu
Osterinsel